1등의 생각법

틀을 바꾸면 격이 달라진다

1등의
생각법

쓰다 히사시 지음 | 정지영 옮김 | 박용후 감수

알에이치코리아

생각의 격을 높이는
생각의 틀 훈련법

박용후, 관점 디자이너·《관점을 디자인하라》 저자

이 책은 생각에 관한 책이다. 부연하면 어떻게 경쟁력 있는 생각을 할 수 있을까를 다룬다. 사람과 사람, 조직과 조직 간의 격차를 만들어내는 생각의 힘에 대해 우리가 미처 보지 못했던 점들을 콕콕 짚어낸다. 생각에 대한 우리의 착각을 저자는 이렇게 지적한다. "우리가 공부를 통해 배운 일반적인 공식이나 관념은 생각의 틀이 아니다. 이 틀은 일반화된 틀이기 때문에 같은 틀을 알고 있는 무리 안에서는 경쟁력이 되지 못한다".

나도 강연이나 저서에서 이 부분을 항상 강조해왔다. 이미 굳어진 통념의 틀을 갖고 싸워서는 경쟁에서 앞서 나가지 못한다. 통념의 틀은 다른 생각을 끌어내기 위한 재료나 바탕이 될 뿐, 그것 자체가 경쟁력이 될 수 없다는 것을 비즈니스의 현장 속에서 뼈저리게 느꼈기 때문이다. 나는 기발한 발상이란 그때까지 다른 사람이 하지 못한 아주 평범한 생각이라고 정의한다. 이 책의 저자는 '아뿔사'라는 말로 이것을 설명한다. "저 생각, 나도 할 수 있었는데 왜 못했을까?" 무릎을 쳤던 기억이 누구나 한두 번쯤은 있을 것이다. 이 책은 왜 그 생각을 못했는지, 그 이유를 알려준다.

다른 조직과 왜 생각의 격차가 생기는지에 대해서도 저자의 관점은 남다르다. 저자는 '간과'라는 단어에서 그 답을 찾는다. 내가 쓴 《관점을 디자인하라》에서도 '없는 것인가? 못 본 것인가?'라는 질문을 통해, 보지 못함으로 인해 경쟁력의 격차가 벌어짐을 설명했다. 이 책은 내재한 생각을 밖으로 끌어내 간과하지 않는 방법, 즉 생각의 음영 지역을 줄이는 구체적인 방법을 알려준다. 저자는 이 개념을 '표면화'라는 단어로 설명하는데, 어떻게 써야 '표면화'가 일어나는지에 대해서도 자세하게 설명한다. 잠재한 정보를 끄집어내고 그것을 명쾌하게 가공해 생각을 단단하게 만드는 방법이 이 책의 주된 내용이다.

한마디로, '생각의 격을 높이는 생각의 틀 훈련법'을 가르쳐주는 책이다. 생각이 중요한 것이 아니라 경쟁력 있는 생각이 중요하다고 생각하는 사람이라면 꼭 일독하기를 권한다.

논리 사고의
간단한 본질

어느 날 한 텔레비전 프로그램에서 사람들에게 인기 있는 빵의 순위를 소개했다. 3위는 팥빵, 2위는 멜론빵이었는데, 과연 1위는 무엇이었을까? 크림빵? 잼빵? 카레빵? 다양한 빵이 떠오를 것이다.

그렇다면 실제로 1위는 무엇이었을까?

바로 식빵이다.

이 대답을 듣고 많은 사람이 분명 맥이 빠졌을 것이다. 속으로 '뭐야, 그런 거였어?', '에이, 그럴 리가' 하고 생각한 사람도 많을 것이다. 솔직히 방송을 보던 나도 그랬다.

하지만 다시 생각해보자.

인기 순위 1위인데 많은 사람이 식빵을 떠올리지 못하는 것은 이상하지 않은가?

식빵을 떠올리는 사람은 어떻게 생각할까?

"비즈니스 세계에서는 속도가 중요하다"고 한다. 전적으로 옳은 말이다. 이 말을 자세히 풀어보면 '우수한 아이디어를 떠올리고 실현하는 속도가 빠를수록 비즈니스에서 이길 가능성이 크다'는 뜻이다. 그런데 아이디어는 어디에서 오는 것일까? 아이디어를 내거나 그렇지 못할 때 머릿속에서는 무슨 일이 일어날까? '1위＝식빵'을 생각해내려면 어떻게 머리를 쓰면 될까?

히트 상품을 개발하는 일은 식빵을 떠올리는 것과 비슷하다. 모두가 바라지만 모두가 놓치는 부분에서 아이디어가 나온다. 당신이 아이디어를 잡아내는 순간 "뭐야? 그건 나도 생각했어", "이런, 한발 늦었네"라고 주변 사람들이 발을 구르며 배 아파하는, 그런 두뇌 사용법이 이 책의 주제다.

이는 흔히 말하는 아이큐나 학력과는 관계가 없다. 과거에는 공부를 못했고 시험에 쩔쩔맸던 사람도 사회에 나가자마자 도쿄대 졸업생 같은 엘리트와 경쟁하고 그들을 압도하기도 한다. 반대로 학창 시절 성적이 우수해 훌륭한 기업에 취직한 사람이라도 비즈니스 세계에서는 고만고만한 구성원에 지나지 않기도 하다.

왜 이렇게 역전될까? 답은 단순하다. 비즈니스 전쟁터에서는 지식이나 학력보다 식빵을 떠올리는 능력이 결정적 무기기 때문이다.

아이디어가 나오지 않을 때는
무엇이 부족할까?

식빵을 떠올리는 발상, 즉 경쟁 상대가 '아뿔싸!' 하게 만드는 아이디어를 끌어내려면 도대체 무엇이 필요할까? 여기에서 이 책의 결론을 먼저 말하겠다. 바로 **논리 사고 능력**이다.

하지만 '발상력＝논리 사고력'이라는 공식에 위화감을 느끼는 사람도 있을 것이다. 왜 그럴까? 자신이 아닌 다른 사람의 아이디어가 채택될 때, 보통 다음의 이유를 떠올린다.

- 지식이 부족했다.
- 번뜩이는 발상이 부족했다.

즉, '논리가 부족했다'는 식으로 생각하는 사람은 없다. 그러나 비즈니스에서 지식의 양이나 번뜩이는 발상이 승패를 가르는 경우는 극히 드물다. 실패 후 다시 분발해 공부를 시작하거나 감각이 없다고 한탄하는 사람은 문제점을 잘못 보는 것이다. 경쟁자보다 뛰어난 아이디어를 경쟁자보다 빠르게 끌어내는 데 필요한 것은 정보나 지식이나 센스가 아니다.

이기는 아이디어는 논리 사고에 있다. 그런데 애당초 논리적으로 생각한다는 것이 무엇인지 감이 오지 않을 것이다. 지금은 잘 몰라도 상관없다. 앞으로 이기기 위한 생각법을 살펴보면서 발상력과 논리 사고력이 어떻게 연결되는지 알게 될 것이다.

BCG·하쿠호도에서 깨달은
패배의 본질

사실 나도 명문으로 유명한 나다^灘 고등학교와 도쿄대 법학부를 졸업했다. 그럭저럭 공부를 잘했기에 스스로 똑똑하다고 생각한 적이 한 번도 없었다면 거짓말일 것이다. 그렇지만 대학을 졸업한 뒤 광고회사인 하쿠호도^{博報堂}와 전략 컨설팅회사인 보스턴 컨설팅그룹^{BCG}에서 일하면서 진저리 날 만큼 패배를 맛봤다. 돌아

보면 내 패배는 이미 하쿠호도 입사 시험 때 시작된 것이었다.

매점 아주머니가 일본의 헌법을 읽게끔 하는 영업 멘트를 50자 이내로 서술하시오.

필기시험에 이런 문제가 나왔는데, 내가 쓴 해답에 그런대로 만족했다. 입사 후 회식 자리에서 인사 담당자에게 "제가 쓴 답은 어땠습니까?"라고 물었다. 그러자 그는 "아, 그거요. 0점이요"라고 딱 잘라 말했다. 잘못 들었나 싶었지만, 내 눈을 똑바로 보며 "0점이라고요"라고 거듭 확인해주었다.

그 후로도 '어째서 상대가 이겼는가?'를 생각할 기회는 수없이 찾아왔다. 그 결과 '논리 사고의 간단한 본질'을 알게 되었다. 학력의 벽을 넘어 경쟁 상대에게 이기고 싶은 사람, 성적이 좋았어도 일에서는 계속 실패만 하는 사람에게 유용한 내용을 이 책에 담았다.

사고는 수단이 아닌 본질부터 배워라

나는 평소 논리 사고나 문제 해결을 주제로 기업 연수를 할 기회가 많다. 고객은 대기업 경영자와 임원부터 젊은 사원까지 다양하며, 지금까지 1만 명 이상에게 강의를 했다. 최근 1년 동안은 롯폰기에 있는 아카데미힐스도쿄 롯폰기의 명소이자 복합 문화 공간인 롯폰기힐스 내 문화 시설−옮긴이에서도 강연했는데, 호평을 받았다.

지금 당장 아이디어맨이 되고 싶다거나 간단한 논리적 사고Logical thinking 기술을 알고 싶다고 생각하는 사람이라면 이 책이 기대에 어긋날지도 모른다. 내가 이야기하려는 내용은 그보다 더 간단하고 본질적이다. 그렇다고 이론만 늘어놓고 구체적인 기술이 없는 것은 아니다.

이 책을 다 읽고 나면 비즈니스에서 이기기 위해 어떤 사고방식을 지니면 되는지 분명하게 이해할 수 있을 것이다. 그럼 먼저 사고력에서 이긴다는 말이 어떤 의미인지 알아보자.

차례

3강 논리적으로 생각한다
천재에 가까워지는 생각법

4강 발상률을 높인다
광대한 사막에서 보물을 발굴하려면?

5강 발상의 재료를 늘린다
지식을 맹신하거나 배척하지 않는 강력한 전략

6강 발상의 질을 높인다
어설픈 지식으로 실패하지 않기 위해

7강 결론 사고로 정보를 수집한다
저 사람의 새로운 프로젝트는 왜 실패했을까?

사고의 영역에서
이긴다

맥킨지와
도쿄대 졸업생의
지능은
어떻게 다를까?

우리는 항상
잘 생각했다고
오해한다

매일 업무 시간 중 생각하는 데 사용하는 시간은 얼마나 될까? 5분? 50분? 5시간?

연수를 할 때 물어보면 5시간이라고 대답하는 사람이 많다. 하지만 이 책에서 말하는 '생각'의 측면에서 보면 업무 중에 5시간이나 생각하는 인재는 없다. 오히려 그런 사람은 일을 하는 데 별 도움이 되지 않을 것이다. 그런데도 어째서 5시간이라고 대답할까? '생각한다'는 것을 오해하기 때문이다.

마케팅 전략을
생각한다는 것은?

가령 자사 제품의 마케팅 전략을 생각한다면 어떻게 해야 할까? 마케팅을 공부한 적이 있는 사람이라면 'STP' 전략에 따라 세분화Segmentation, 타깃 선정Targeting, 포지셔닝Positioning이라는 세 가지 관점에서 효과적인 시장 개척을 검토할지 모른다. 혹은 제품Product, 가격Price, 프로모션Promotion, 유통Place의 4P 시점에서 마케팅 전략을 찾기도 한다. 또는 이렇게 본격적인 도구를 활용하지 않고 자사 기획서나 프레젠테이션 서식을 채우면서 마케팅 전략을 생각하는 사람도 있다.

그러나 이런 행위는 생각하는 행위라고 할 수 없다. 적어도 이 책에서는 그렇게 부르지 않는다.

공식에 대입해도
생각한다고 할 수 없다

이 말이 무슨 뜻인지 이해하기 위해 다른 예를 들어보겠다. 다음과 같은 직각삼각형이 있을 때 직선 BC의 길이는 몇일까?

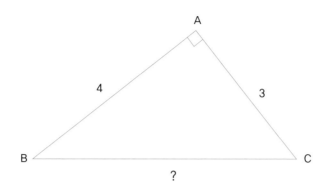

직각삼각형 ABC에서 직선 AB가 4, 직선 AC가 3일 때
직선 BC의 길이는 몇일까?

프레임워크를 적용해 답을 낸다

답은 5다. 이때 우리는 다음과 같은 공식을 떠올린다.

직각삼각형에서 빗변을 c, 다른 두 변을 a, b라고 하면
$a^2 + b^2 = c^2$이 성립한다.

이 공식에 대입해서 5라는 답을 도출했을 테지만, 과연 이것을
생각했다고 할 수 있을까?

수학 선생이라면 "여러분, 얼마일지 생각해보세요"라고 말하겠
지만, 이것도 생각하는 것이 아니다. 세 변의 정리를 생각한 사람

은 내가 아니라 피타고라스다.

그러면 좀 전에 우리가 한 것은 무엇일까? '피타고라스의 정리'라고 이미 알려진 지식에 문제를 대입했을 뿐이다. 피타고라스의 정리에 대입했을 뿐이니까 생각했다고는 할 수 없다는 데 당신도 동의한다면, 실제로 STP나 4P로 마케팅 전략을 검토하는 일도 마찬가지 아닐까?

그런데도 대부분의 사람은 기존 프레임워크Framework, 문제 해결에 사용하는 기본 개념 구조−옮긴이에 따라 고민하고서, '오늘은 비즈니스에 대해 꽤 생각했구나' 하며 뿌듯해한다. 공식이나 프레임워크에 문제를 대입하는 일과 공식 자체를 창출하는 일은 전혀 별개며, 이때 전자는 생각하는 행위라고 할 수 없다. 틀에 대입하는 데 필요한 것은 그 틀을 아는 일이다. 즉, 그 지식을 배우는 것이다.

- 배우다 = 기존 프레임워크에 대입해 답을 도출한다
- 생각하다 = 자신이 만든 프레임워크에서 답을 도출한다

'결국 생각한다는 말을 어떻게 정의하는지에 따라 달라지는 거 아닌가?' 하는 의문이 들 것이다. 일상적으로 피타고라스의 정리에 문제를 대입하는 일을 생각한다고 부른들 상관없다. 그러나 이 책에서는 생각하는 행위로 여기지 않는 이유는 무엇일까?

경쟁에서 이기려면
지식만으로는 충분하지 않다

답은 간단하다. 대입하기만 해서는 경쟁에서 이길 수 없기 때문이다. 생각하면 경쟁에서 이길 가능성이 높아진다. 배우기만 해서는 경쟁에서 안정적으로 우위를 점할 가능성이 극히 낮다.

무엇보다 배우는 능력에는 상당한 개인차가 있다. 같은 교실에서 같은 수업을 받아도 시험 성적이 이해할 수 없을 만큼 차이 나는 까닭은 학생마다 배우는 능력이 다르기 때문이다. 배우는 데 능숙한 학생은 별 어려움 없이 높은 점수를 얻지만, 그렇지 않은 학생이라면 공부 시간, 학원 수강료, 교재 구입비 등 상당한 자원을 들여야 한다.

또한 배움으로 얻는 우위는 매우 불안정하다. 피타고라스의 정리를 알고 있는 중학생은 아직 그 정리를 모르는 학생보다는 우위에 있지만 이런 차이는 쉽게 좁혀진다. 마찬가지로 STP나 4P를 배워서 동료와 차이를 두려 해도, 그들이 그 지식을 배우면 우위는 한순간에 무너진다.

배움으로 얻은 우위는
무너지기 쉽다

좀 더 알기 쉬운 경쟁 상황의 예로 취업 활동을 떠올려보자. 다음의 프레임워크는 매년 많은 학생이 읽고 있는 취업 면접서 《로지컬 면접술ロジカル面接術》의 핵심을 정리한 것이다.

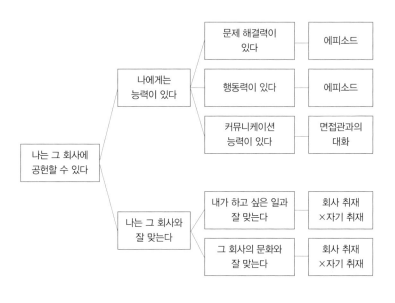

면접에서 필요한 기본 전략

이 프레임워크에 따라 답을 구하면 학생들은 꽤 높은 확률로 좋은 결과를 얻지만, 이 틀 자체는 학생들이 생각해낸 것이 아니라 내가 만들어낸 것이다. 그러니 다른 학생도 이 틀을 배우면 시작 지점은 같아진다. 그다음에는 이 틀에 넣을 수 있는 내용으로 승패가 가려지므로, 라이벌과의 차이를 쉽게 좁히지 못하는 학생이 나올 수 있다.

다시 말해 경쟁에서 이기는 것을 목적으로 하는 생각하기가 중요하다. 이는 프레임워크에 대입하는 것, 즉 틀을 지식으로 배우는 것과는 엄밀히 구별해야 한다.

생각하는 **야만인**이
활약하는 시대

이제 배우는 일에서 생각하는 일로 가치가 이동했다. 어떻게 하면 상대를 이길 수 있을지 깊이 생각을 거듭한 사람만이 살아남는다. 전국시대가 그 전형적인 예다. 당시 도요토미 히데요시가 조선을 공격해 많은 포로를 끌고 돌아왔다. 그중에는 조선의 고위 관료도 있었다. 이들은 중국에서 도입한 과거제도를 통과한 엘리트들이었는데, 히데요시의 신하들을 만났을 때 다음과 같이 느꼈다고 한다.

'이런 학식도 없는 야만인들이 제멋대로 날뛰며 권력을 쥐다니……. 도대체 어떤 나라인가!'

전국시대 천하에는 지식이 그다지 도움이 되지 않았고 무력보다 더 좋은 것은 없었지만, 그것만으로는 살아남을 수 없었다. 바로 생각하는 능력으로 이긴 자가 살아남았다. 피라미드형 상하 관계를 절대시하던 조선 시대 관리에게는 이해하기 어려운 상황이었을 것이다.[•]

이때는 하극상의 세상이었다. 태생적 신분도 전란 속에서 급속히 유동적으로 변했다. 철저한 사고가 뒷받침된 무력만이 생존 기준이었고, 반대로 그것만 있으면 히데요시 같은 시골 하층민이라도 최고 권력자가 되어 출세할 수 있었다.

지금의 일본도 그때와 비슷하다. 예전에는 개인과 그 가족의 일생을 결정지을 정도로 중요했던 학력의 벽이 사고력으로 쉽게 극복된다. 그야말로 지적 하극상의 시대다.

사고력을 지닌 인재가
밀집한 업계는?

2년 전, 대기업 사원과 간부에게 생각법을 강연하면서 나

• 야마모토 시치헤이 山本七平, 《위기의 일본인危機の日本人》 참고.

자신의 생각하는 능력이 부족하다고 느꼈던 적이 있었다. 특히 개그맨들과 함께 일하면서 더 그랬다. 다무라 아츠시田村淳, 개그 콤비 '런던 부츠 1호 2호'의 멤버-옮긴이가 MC를 맡은 교양 정보 TV 프로그램에 해설자로 출연한 적이 있었는데, 그때 개그맨들이 일하는 방식을 보고 정말 놀랐다.

학창 시절 흔히 말하는 머리 좋은 친구가 항상 옆에 있었고, 하쿠호도 때도 맥킨지McKinsey 사람들과 업무를 같이했으며, BCG에서 일할 때도 압도적인 사고력의 소유자들과 업무를 해온 터였다.

개그맨들은 그런 사람들과 비슷할 만큼, 혹은 그 이상으로 매사에 깊이 생각하는 자세를 지니고 있었다. 다무라 아츠시도 그랬지만, 요시모토吉本 소속 개그맨인 고야부 가즈토요小籔千豊도 생각하는 사람의 전형이었다. 12살 이상 나이 차이가 났지만, 그들과 분장실에서 잡담을 나눌 때 지금까지 느껴보지 못한 긴장감을 맛봤다. 깊이 생각하는 습관을 지닌 그들 앞에 서면 허튼소리를 할 수 없었기 때문이었다.

개그맨은 생각나는 대로 재치 있게 말하는 사람이라고 여기는 사람도 많겠지만, 내가 실감한 바로는 대다수 개그맨이 상당히 우수한 사고력을 지니고 있었다.

예전에는 생각하는 능력을 지닌 사람이 전략 컨설팅이나 카피라이팅 같은 업계에 집중되었지만, 지금은 다르다. 지금 일본에서 생각하는 인재가 가장 밀집한 곳은 코미디 업계다. 감히 단언할 수 있을 정도로 사고를 중시하는 그들의 자세는 눈에 띄었다.

머리 좋은 사람의
조건이 바뀌다

물론 개그맨 중 대다수는 일반적인 의미에서 머리가 좋은 것은 아니다. 최근에는 유명 대학을 졸업한 개그맨도 늘고 있지만, 대부분은 학교에서 공부를 잘하지 못했으니 배우는 일에 소질이 있을 리 없다. 그런데도 그들은 생각하는 능력을 연마해 예능계에서 눈부시게 활약한다.

그렇다고 머리는 좋지 않지만 생각하는 데 능숙하다고 보기는 모호하다. 오히려 '머리 좋은 사람＝배우는 데 능숙한 사람'이라는 지금까지의 의식이 '머리 좋은 사람＝생각하는 데 능숙한 사람'으로 바뀌어, 지식의 조건이 달라졌다고 봐야 할 것이다.

엘리트 집안으로 유명한 하토야마鳩山 일가를 보자. 자민당 초대 총재인 하토야마 이치로鳩山一郎의 장남 이치로威一郎는 도쿄제국대학 법학부를 수석으로 졸업하고 오쿠라쇼大蔵省, 우리나라 기획재정부에 해당하는 일본의 과거 행정기관─옮긴이에 들어갔다. 이 이치로의 장남은 도쿄대

공학부를 졸업한 후 스탠퍼드대에서 박사 학위를 취득한 하토야마 유키오鳩山由紀夫 전 총리다. 동생인 하토야마 구니오鳩山邦夫도 고등학생 때 모의고사에서 전국 1위에 오른 수재로, 도쿄대 법학부 재학 중에도 최상위 성적을 거두었다.

얼핏 별명이 '외계인'이었던 유키오가 눈에 띄겠지만, 여러 차례 각료를 지낸 구니오야말로 전형적인 엘리트다. 하토야마 구니오는 "공부할 때는 최대한 낭비를 줄여야 한다"고 했다. 공부를 못하는 사람은 무언가 쓸데없는 일을 하고 있는데, 그 낭비가 바로 생각하는 일이라고 설명했다. 그는 수험생 시절, 친구가 수학 참고서를 보면서 문제를 풀지 않고 끙끙대는 모습을 보고 자신의 공부 방식이 특이하다는 사실을 깨달았다. 그는 그때까지 참고서를 사본 적이 없었다. 대신 항상 서점에 서서 문제를 보고 바로 답을 확인했다. 문제를 풀지 못해서 생각하는 시간만큼 쓸데없는 일은 없으므로, 일단 해답과 해법을 머릿속에 입력했다. 물론 이 방식으로 전국 1위를 차지한 이해력과 기억력에는 놀랄 수밖에 없지만, 반대로 말하면 기존의 일본은 이런 식으로도 가장 머리 좋은 수험생이 될 수 있는 사회였다.

'어떻게 생각하기를 멈추고 배우는 데 몰입할 것인가?'가 지금까지 머리 좋은 사람의 조건이었다. 그러나 이제는 NHK 프로그램에 개그맨이 출연하지 않는 날이 없다. 민영방송에 비해 지식을 다루는 비중이 높은 NHK가 개그맨을 출연자로 기용하기 시작한 까닭은 사회에서 요구하는 지식이 크게 바뀌었기 때문일 것이다.

즉, 높은 학력보다는 높은 사고력이 요구된다. 머리 좋은 사람의 조건이 지식의 축적 정도가 아니라 매사를 깊이 생각하는 능력이 된 것이다. 그러므로 사고력의 영역에서 경쟁해야 한다. 이는 연예인과 같은 특수한 직종만이 아니라 비즈니스를 하는 모든 사람에게 적용된다. 실제로 주변을 보면 훌륭하게 지적 하극상을 이루어내는 사람이 있지 않은가?

오히려 고학력에 공부를 열심히 했어도 업무상 문제를 일으키는 사람도 많다. 예전에는 사내에서 찬양받던 인재가 지금은 "저 사람, 머리는 좋은데……"라며 뒤에서 험담을 듣는 경우도 늘고 있다.

현재 비즈니스 환경에서는 생각하고 있는지 아닌지에 따라 차이가 생긴다. 따라서 라이벌보다 우위에 서고 싶다면 어중간히 공부를 시작하기보다 생각하는 능력을 갈고닦아야 한다.

도쿄대 졸업생을 이길 수 있는 전쟁터가 있다

배움의 전쟁터에 머무르는 한, 도쿄대 졸업생과 같은 엘리트가 길을 가로막을 것이다. 물론 열심히 공부하면 그들을 따라잡을지도 모른다. 그러려면 방대한 리소스가 필요하고, 그렇게까지 해서 승리한들 세상이 자신을 계속 높게 평가해주리라고 기대하기는 어렵다.

고학력 엘리트의 경우도 마찬가지다. 학습 능력이 뛰어나도, 학력이 낮지만 생각하는 사람에게 언제 따라잡힐지 모른다. 그렇다면 지식의 영역에만 만족하지 말고 생각하는 능력을 갈고닦아야 하지 않을까?

지금까지 경험으로 보자면, 이른바 편차치일본에서 각 학교의 서열을 평가하는 데 쓰는 수치. 편차치가 높을수록 학교 순위가 높다─옮긴이가 높은 대학을 나온 사람이라도 사고력 수준이 일반인과 다르지 않은 경우가 많았다. 다만 스스로 머리가 좋다고 생각하기 때문에 시간이 지나도 그 사실을 깨닫지 못할 뿐이다. 게다가 생각하는 능력이 있더라도 공부를 통해 어설프게 성공을 경험한 탓에 실패에 직면했을 때 '공부가 부족했다'는 믿음에서 빠져나오지 못한다. 실제로는 사고 부족이 원인이었는데 말이다. 그러므로 생각하는 능력을 먼저 갈고닦아야 한다. 이유는 얼마든지 들 수 있다.

- 지금까지 갈고닦지 못한 만큼 사고력은 발전 가능성이 있다.
- 지식 축적에 중점을 두는 라이벌과 차이를 만들 수 있다.

■ 지식은 방대하고 복잡하다. 하지만 사고의 본질은 간단하다.

생각하는 일의 본질은 간단하다. 사고력을 갈고닦는 길은 많은 사람에게 열려 있다. 우선 사고의 본질을 파악하고 자신이 정말 사고할 수 있는지 판단하는 데서 시작하자.

아이디어 전쟁터에는 '아뿔싸'가 90%다

사고력으로 경쟁에서 이긴다는 것은 어떤 의미일까? 사고의 성과, 즉 발상(아이디어)에서 상대보다 우위에 선다는 뜻이다. 반대로 발상에서 경쟁 상대에게 지는 상황은 다음 세 가지다.

① 자신도 생각했지만 경쟁 상대의 실행이 빨랐다.
② 자신도 생각할 수 있었지만 경쟁 상대의 발상이 빨랐다.
③ 자신이 먼저 생각하지 못할 만큼 경쟁 상대의 발상이 뛰어났다.

이 중에서 ①은 실행 면에서의 패배다. 아이디어를 떠올리기까

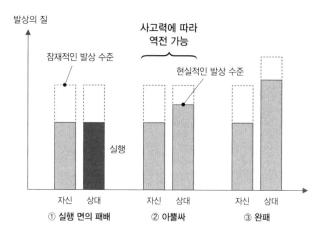

발상에서 겪는 패배의 세 가지 유형

지의 속도는 비슷했지만 실현하는 데 시간이 걸려 선수를 빼앗긴 것이다. 역시 비즈니스는 속도가 중요하다는 말이 된다. ③은 한마디로 완패다. 경쟁 상대의 발상이 내가 발상할 수 있었던 어떤 아이디어보다도 뛰어나므로, 아무리 시간이 있었어도 승산은 없었다. 이에 비해 ②는 주어진 시간이 좀 더 많았거나 좀 더 열심히 생각했다면 자신도 떠올릴 수 있는 아이디어를 상대가 먼저 생각해냈을 뿐이다.

가장 억울한 패배는
피하라

이 세 가지 패배 중에서 사고력으로 역전할 수 있는 항목은 무엇일까? 당연히 ②다.

①에서 실행 면의 패배에는 다양한 요인이 있을 수 있다. 개인과 조직이 활용할 수 있는 자원(사람, 사물, 자금)에 한계가 있어서 경쟁 상대가 더 빠르게 실행에 옮겼을지도 모르고, 상사나 임원의 결재가 늦어진 탓에 타사에 선두를 빼앗겼을 수도 있다. 이런 경우, 사고력이 이 패배에 개입할 여지가 없다. 또한 ③의 패배는 피하기 어렵다. 감정적인 측면에서도 '이번에는 이길 가능성이 없다'는 마음이 앞서서 이런 패배를 어떻게 하겠다는 의욕은 솟아나지 않을 것이다.

그러나 이와 대조적으로 ②의 패배는 처음부터 피할 수 있는 일이다. 상대와 같은 수준의 아이디어를 떠올릴 수 있었는데 현실에서는 그보다 낮은 수준의 아이디어밖에 떠올리지 못했다. 바로 생각이 부족했기 때문이다. ③의 패배는 깨끗하게 인정할 수 있지만, ②의 패배는 인정하기가 괴롭다.

③을 '**완패**', ②를 '**아뿔싸**'라고 하는 개념은 이 책 전체의 열쇠가 되므로, 다시 한 번 왼쪽 그림을 보고 확실히 정리해두자. 우리

의 목표는 '아뿔싸'를 줄이는 방법을 알아내는 것이다. 뒤집어 생각하면 "아, 그런 수가 있었지…… 분하다!"라고 경쟁자가 발을 동동 구르게 만드는 아이디어를 생각해내는 것이다.

어떤 전쟁터든 '아뿔싸'가 압도적으로 많다

한편 이렇게 생각할 수도 있다.

'뭐야, 세 가지 패배 중에 사고력으로 개선할 수 있는 것이 고작 하나뿐이라니…….'

하지만 실망하지 말자. 90% 이상의 패배는 '아뿔싸'에 따른 것이기 때문이다. 비즈니스 전쟁뿐 아니라 대부분의 경쟁이 그렇다. 따라서 '아뿔싸'를 피하는 일이야말로 승률을 높이는 지름길이다.

어째서 그럴까? 사람은 비슷한 잠재력을 지닌 사람들이 있는 전쟁터에 모인다. 이는 발상의 전쟁터뿐 아니라 모든 전쟁터에 적용된다. 전 메이저리거인 노모 히데오野茂英雄 투수를 예로 들어보자.

프로야구에서 활약하기 전, 그는 신일본제철이라는 실업팀 소속이었다. 당시 아마추어 선수들은 프로급 강속구와 날카롭게 떨어지는 포크가 무기인 노모를 꺾지 못했다. 타자들은 완전히 속수

무책이었고, 노모는 삼진의 산이 아닌 '완패'의 산을 쌓아 올렸다.

　당연히 노모 투수에게 프로야구 세계에서 손을 내밀었다. 긴데쓰 버펄로스Kintetsu Buffaloes, 현재는 오릭스 버펄로스-옮긴이에 입단한 뒤에도 그의 실력은 특출해서, 신입으로 들어간 해부터 4년 연속 최다 탈삼진·최다 승리라는 타이틀을 획득했다. 이때도 많은 선수가 '완패'라고 느꼈다.

　이처럼 경쟁 상대의 '완패'를 많이 끌어내는 선수는 더 상위의

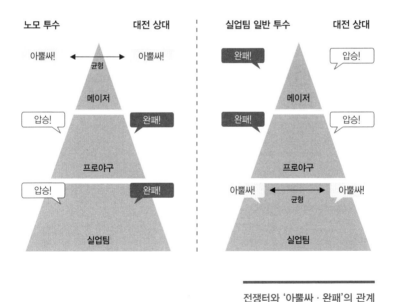

전쟁터와 '아뿔싸·완패'의 관계

전쟁터로 이동한다. '아뿔싸'와 '완패'의 빈도가 반반인 전쟁터, 즉 잠재력이 비슷한 플레이어가 모이는 장소를 선택하는 법이다.

실제로 노모 투수도 일본 프로야구계를 떠나 더욱 수준 높은 미국 메이저리그에 도전했다. 메이저리그라는 전쟁터에 들어간 후에야 노모 투수도 '아뿔싸'를 느꼈고, 상대에게도 '아뿔싸'를 느끼게 해줄 기회가 많아졌다.

어째서 유능한 사람부터 이직할까?

발상의 전쟁터를 살펴보자. 가령 아인슈타인의 상대성이론은 획기적인 이론의 대표 사례로 일컫는다. 그러나 전문가는 "특수상대성이론은 아인슈타인이 이론화하지 않았어도 2~3년 이내에 누군가가 이론화했을 것"이라고 한다. 즉, 아인슈타인의 아이디어조차 그와 전쟁터를 함께하던 제1선 물리학자가 보기에는 '아뿔싸'였을 가능성이 있다는 말이다.

가깝게는 학교나 직장에서도 비슷한 조정 작용이 일어난다. 비슷한 성적의 학생들이 같은 대학에 모이고, 비슷한 수준의 사람들이 같은 회사에 모인다. 회사 내에서 압도적인 성과를 꾸준히 내어 주변 사람에게 매번 '완패'를 느끼게 하는 사람은 조만간 이직하거나 독립해 창업할 가능성이 크다. 결국 자기 수준에 맞는 전쟁터로 나아가는 셈이다.

사람이 승리를 독식하는 환경에 안주하지 않고 일부러 라이벌과 경쟁하는 전쟁터를 고르는 이유는 얻을 수 있는 이득(부, 명예)이 늘어나기 때문이다. 그 결과, 어느 전쟁터에서든 '아뿔싸'가 90% 이상을 차지한다. 반대로 말하자면 '완패'의 비율은 어느 전쟁터에서든 그다지 높지 않다. 따라서 '아뿔싸'를 줄이는 일이야말로 승률을 높이는 데 효과적이다.

천재의 **사고**에 가까워지는 단 **하나**의 방식

그럼 '아뿔싸'의 패배는 어떻게 줄일 수 있을까? 자신도 발상할 수 있었지만 경쟁 상대의 발상이 빠른 데 따른 패배였으므로, 포인트는 '경쟁 상대의 발상이 빨랐다'는 데 있다.

아이디어맨이 이기는 이유

예를 들어, 어느 기획을 두고 라이벌 회사인 A사와 B사가 경합을 벌인다고 하자. 두 회사 모두 자원은 비슷하고 주어진 시간도 동일하게 2주다. 그러나 채택된 것은 B사 기획이었다. 그렇다고 해서 B사가 매우 뛰어나고 훌륭한 아이디어를 냈다고 할 수도 없었다. 솔직히 말해 A사가 제안했어도 이상하지 않을 수준이었다.

그렇기에 A사는 분했다. "왜 우리는 저 정도 기획을 내지 못한 거야!"라며 상부에서도 잔뜩 화가 났다. '아뿔싸'의 전형적인 모습이다. 왜 이런 차이가 날까? 사실 A사 회의에서는 다음 그림처럼

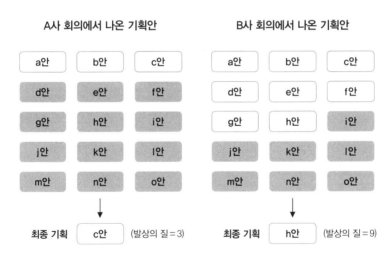

아이디어의 범위가 넓지 않으면 아이디어의 질이 높아지지 않는다

발상의 양이 질이다

세 가지 아이디어가 검토되었다. 그리고 그중 가장 좋아 보이는 c안이 경합에 올려졌다. 한편 B사의 사내 회의에서도 c안이 후보로 올라갔다. 그러나 이 안을 포함해 전부 아홉 가지 안이 검토되었고, 최종적으로 가장 좋아 보이는 h안으로 승부를 걸었다.

막상 경합에서 졌을 때 A사가 '아뿔싸!' 한 것은 자신들도 h안을 생각해낼 수 있었다고 인식했기 때문이다. 그런데도 아이디어가 나오지 않은 까닭은 발상을 넓히다가 도중에 멈췄기 때문이다.

속도가 빠를수록
발상의 질은 높아진다

비즈니스에서 속도가 중요하다고 할 때는, 일반적으로 기획 입안, 전략 책정부터 그 실행까지의 타임라인을 염두에 둔다. 여기에서 잘 안 풀린 결과가 실행 면에서의 패배다.

반면에 A사의 '아뿔싸'는 발상이 늦었기 때문이다. 두 회사에 주어진 시간은 똑같이 2주였다. A사는 '0.21기획/일'의 속도로 발상한 데 비해 B사는 그 세 배인 '0.64기획/일'이었다. 이처럼 아이디어의 발상 속도가 늦으면 같은 기간 내에 제출된 아이디어의 총량이 적고, 결과적으로 아이디어의 질이 떨어진다.

아이디어의 질을 높이고 싶다면 발상을 넓게 해 총량을 늘리는 일이 중요하다. 즉, 여기에서도 '비즈니스에서는 속도가 중요하다'는 말이 성립한다. 그런데 발상의 속도가 중요하다고 하면 이렇게 말하는 사람이 있다.

"속도도 중요하지만, 역시 아이디어는 질이 중요하지요."

일반적으로 아이디어의 질과 그것을 창출하는 데 걸리는 시간은 (일정 범위에서는) 정비례하며, 좋은 아이디어를 내기 위해서 다소 시간이 걸려도 할 수 없다고 여긴다. 그러나 이는 옳지 않다. 앞서 말했듯이 발상의 속도를 올리는 것이 발상의 질을 높이는 것으로 직결된다.

죽은 아이디어가 많을수록
창의적이다

하쿠호도에 다니던 시절, 나도 꽤 여러 명의 카피라이터와 업무를 같이했다. 이토이 시게사토糸井重里나 나카하타 다카시仲畑貴志 같은 일류부터 아직은 수습인 신입 카피라이터까지 정말 폭넓게 만날 기회가 있었다. 그러면서 확실히 깨달은 바는, 역시 '아이디어의 질≒아이디어의 양'이며 일류라고 불리는 사람일수록 발상하는 양이 많다는 사실이었다.

예를 들어 "다음 주까지 이 주제로 카피 100개를 써주세요"라고 주문했을 때, 일류 카피라이터는 정말 100개를 완성해 온다. 평소에 발상을 넓히는 습관이 있어서 발상의 수를 늘리는 일이 어렵지 않았을 것이다. 반대로 그렇지 않은 카피라이터는 절대 100개를 쓰지 않는다. 이런저런 이유를 대면서 "좋은 아이디어만 엄선했습니다"라고 큰소리를 친다.

하지만 그중에서는 빛나는 카피가 보이질 않는다. 삼류 크리에이터일수록 자신의 발상 능력을 과신해 높은 질의 아이디어를 선뜻 낼 수 있다고 믿는다. 그들에게 "왜 이 카피가 좋습니까?"라고 질문해도 "왠지 느낌이 좋지 않나요?"라는 식의 대답밖에 돌아오지 않는다.

반면에 우수한 아이디어를 내는 사람은 자신의 직감을 신뢰하지 않는다. 일류 크리에이터일수록 우직하게 생각하고 발상의 수를 한계까지 늘린다. 그래서 그들은 아이디어를 설명하는 능력도 뛰어나다. 어째서 이것이 좋은지를 고객에게 말로 설명해야 하는 광고회사 입장에서는 업무를 쉽게 해주는 셈이다. 이런 사람에게 의뢰가 몰리는 이유를 알 것 같았다.

천재일수록 다작하며
졸작의 산을 쌓는다

'아이디어의 질≒아이디어의 양'을 구체적으로 실현하는 것이 천재라고 불리는 사람들이다. 가령 토머스 에디슨은 전구, 축음기, 토스터 등을 발명했고, 1,100개가 넘는 특허를 취득한 발명왕이다. 정말 직감력이 뛰어난 인물이라고 여기기 쉽지만, 그는 3,500권의 노트를 채울 만큼 노력했다고 한다. 후세에 남은 그의 발상은 방대한 죽은 아이디어를 차곡차곡 쌓아 올린 거대한 산의 아주 작은 정점에 지나지 않는다.

예술가 파블로 피카소는 92세까지 장수하기도 했지만, 평생 2만 점 이상의 그림을 그렸다. 예술 작품이라고 볼 수 있는 작품 수는 10만 점이 넘는다.

16세에 데뷔한 만화가 데즈카 오사무手塚治忠도 작품이 1,000개를 넘는다고 한다. 그의 만화라고 하면 많은 사람이 《철완 아톰鐵腕アトム》, 《불새火の鳥》, 《블랙 잭ブラック・ジャック》 같은 명작을 떠올리지만, 사실 그 그늘에는 팔리지 않은 작품이 방대하게 숨어 있다.

천재에는 다양한 정의가 있을 수 있지만, 나는 다작多作이 천재의 조건이라고 생각한다. 즉, 발상의 폭이 매우 넓어서 아이디어나 성과의 총량이 이상하게 많은 사람을 천재라고 할 수 있지 않을까? 뒤집어 생각하면, 우리처럼 평범한 사람은 일반적으로 발상의 폭을 자유롭게 넓히지 못한다. 어떤 식으로든 방해받아서 아이디어는 좁아지고, 결과적으로 '아뿔싸'가 일어난다.

그렇다면 발상이 넓어지거나 넓어지지 않는 까닭은 무엇일까? 왜 B사는 아홉 가지 안을 내놓을 수 있었는데 A사에서는 세 가지 안만 나왔을까? 왜 인기 1위인 빵을 물었을 때 발상이 식빵까지 도달하지 않았을까? 다음 장에서는 이를 살펴보자. 그전에 연습 문제를 준비해두었으니 도전해보기 바란다. 그럼, 시작.

시작부터 골인 지점까지 가장 빨리 도달하는 경로는?

시작

골인

2강

사고의 폭을
넓힌다

아이디어의
손오공이 되지 않는
유일무이한
방정식

바보의 벽 때문에
발상이 넓어지지 않는다

 연습 문제는 어땠는가? 답을 찾을 때까지 어느 정도 시간이 걸렸는가? 1분? 30초? 15초?

 그렇다면 유감스럽게도 시간이 너무 많이 걸렸다. 사고력이 있는 사람이라면 1초만으로 충분하다. 시작부터 골인 지점까지 직선으로 연결하면 그만이기 때문이다. 문제 설명에는 미로라는 단어가 없었다. 따라서 성실하게 특정한 경로를 더듬어 찾을 필요가 없다.

제로베이스 사고는
이상론일 뿐이다

조금 심술궂은 문제로 보이겠지만, '선입관 없이 사고하기는 어렵다'는 이야기를 할 때 자주 인용되는 사례다. 어쩌면 다른 책이나 연수에서 이 연습을 해본 경험이 있을지도 모른다. 그런 사람은 금방 직선으로 연결했겠지만, 이 또한 어떤 의미로는 기존 지식을 토대로 발상한 셈이다.

비즈니스에서는 이런 종류의 확신을 배제한 사고방식, 소위 '제로베이스zero-base 사고'가 필요하다고 한다. 지식과 경험, 상식에 얽매이면 시야가 좁아진다는 말이다. 그러나 내 경험에 비추어 말하자면 제로베이스 사고를 실행에 옮기는 사람은 거의 없다.

또한 제로베이스로 생각하라는 말을 상식에 얽매이지 말라는 메시지로 받아들이는 사람도 있는데, 이는 비즈니스에서는 상당히 나쁘다. 비즈니스 세계에는 유익한 상식도 많기 때문이다. 선배가 쌓아온 경험과 지식을 무시하는 일이 때로는 변혁으로 이어지지만, 대부분의 경우에는 현장의 혼란을 초래할 뿐이다. 물론 그렇다고 해도 이런 확신이 발상을 넓히는 데 방해가 되는 것도 사실이다.

그렇다면 경계해야 할 확신은 어떤 성질을 지니고 있으며 어떻게 피할 수 있을까?

손오공이 간과한
두 가지

《서유기》의 에피소드를 생각해보자. 난폭한 원숭이였던 손오공이 부처님에게 싸움을 건다. 근두운을 손에 넣은 오공은 "나는 우주 끝까지라도 날아갈 수 있다"고 호언장담했다. 부처님이 해보라고 하자, 손오공은 놀라운 속도로 근두운을 타고 날아가서 우주 끝으로 향했다.

꽤 먼 곳까지 가서 '이제 슬슬 됐겠지' 하고 생각하니 눈앞에 거대한 기둥 다섯 개가 나타났다. 오공은 그곳에 자신의 이름을 썼다. 다시 돌아온 오공에게 부처님이 "어디까지 다녀왔느냐?" 하고 묻자 오공은 득의양양한 웃음을 지으며 "우주 끝까지 갔어요"라고 대답했다. 그러자 부처님은 "네가 다녀온 우주 끝이 여기를 말하는 것이냐?"라며 자신의 손가락을 보였다. 그곳에 낯익은 이름이 쓰여 있는 것을 본 순간, 손오공은 자신이 부처님 주변을 날아다녔을 뿐, 세계 밖으로는 한 발짝도 나가지 못했음을 깨달았다.

발상이 일정한 부분에서 넓어지지 않을 때, 당신은 손오공과 똑같은 상황에 놓인 셈이다. 이런 상황의 특징은 다음 두 가지를 깨닫지 못한다는 점이다.

① 한정된 범위의 '안'을 생각하고 있음(날아다님)을 깨닫지 못한다.
② 그 범위의 '밖'이 있음을 깨닫지 못한다.

미로의 예로 돌아가 보자.

① 미로라는 전제에서 생각하고 있음을 깨닫지 못한다.
② 미로가 아니라는 전제로도 생각할 수 있음을 깨닫지 못한다.

　당연하게도 두 가지 무자각은 서로 밀접한 관계가 있다. 즉, 자신이 지금 하는 사고의 범위를 의식하지 못하기 때문에 ① 어느 범위의 '안'만 생각하고 있음을 깨닫지 못하고, ② 그 범위의 '밖'이 존재함도 깨닫지 못한다. 어떤 사고에나 이런 무의식의 공백이 있다. 더 정확하게 말하자면, 의식되지 않으므로 그곳에 공백이 있다는 사실도 깨닫지 못한다.

바보에게는 자신의 아둔함이 보이지 않는다

　이런 사태를 일으킨 원흉에게 해부학자 요로 다케시養老孟司

는 그럴듯한 이름을 붙였다. 500만 부를 넘은 베스트셀러 제목이기도 한 '**바보의 벽**'이다.

벽이란 사고 대상이 되는 범위(이쪽)와 되지 않는 범위(상대편)를 가로막는 것이고, 바보란 그 벽을 보지 못하거나 의식하지 못하는 것을 의미한다.

발상이 제대로 넓어지지 않고 경쟁 상대에게 선두를 빼앗겨

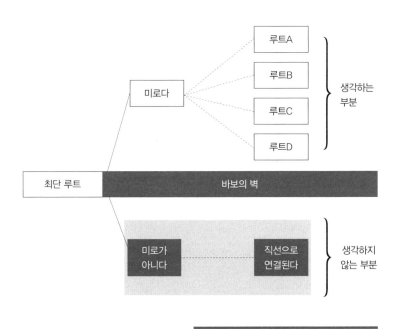

바보의 벽이 들어가므로 '아뿔싸'가 생겨난다

'아뿔싸'를 맛봤을 때, 반드시 그곳에는 바보의 벽이 존재한다. 아이디어의 수를 늘리고 발상의 질을 높이려면 '바보의 벽'을 의식해야 한다.

왜 **좁게 나눌**수록
아이디어 **범위**가
넓어지는가?

바보의 벽을 바탕으로, '아뿔싸'와 '완패'의 구조를 생각해보자.

과자 제조업체 C사, D사가 있는데, 초콜릿 과자 제품을 놓고 경쟁 중이다. 최근 둘 다 매출이 떨어져 전략을 재검토하게 되었다.

C사에서는 상품 개발 그룹이 중심이 되어 과자의 원재료와 용량, 제조 방법을 철저하게 수정했다. 최근 초콜릿 과자의 트렌드를 조사해 고객이 좋아하는 풍미를 더하고, 가볍게 먹을 수 있도록 한 입 크기로 개량했다.

한편 D사에서도 같은 상품을 재개발했으나, 마케팅 부서에서 포장과 네이밍이라는 상품 '형태'를 재검토했다.

몇 개월 후, 두 회사는 거의 같은 시기에 재개발한 상품을 시장에 투입했다. 결과는 D사의 압승이었다. C사의 상품 매출 부진은 해소되지 않았고, 개발 비용만 쌓였다.

무심코 반경 5미터의 발상에 얽매인다

'설마 이런 바보 같은 회사는 없겠지' 하고 생각했는가? 단순한 사례지만, 이런 일은 실제 비즈니스에서도 빈번히 일어난다. C사가 '아뿔싸'를 경험하게 된 것은 넓게 생각하지 못했기 때문이다. 매출 부진 원인이 상품 자체에 있다고만 전제하고, 상품 형태에 있을 수 있다고는 깨닫지 못했기에 발상을 넓히지 못한 것이다.

한편 D사도 처음에는 상품 자체를 수정하려 했지만, 어느 단계에서 '바보의 벽'을 알아차렸다. 매출 부진 원인이 상품 자체에 있다고만 생각했음을 깨달았고, 따라서 상품 자체가 아닌 부분도 검토하기 시작했다. 이렇게 보면 모든 '아뿔싸'에는 반드시 바보의 벽이 있음을 알 수 있다. 자신이 어느 범위에서 생각하는지 의식하지 못하므로 그 '밖'으로 발상을 넓히지 못하는 것이다. 당연히 최종적인 발상의 질도 떨어진다.

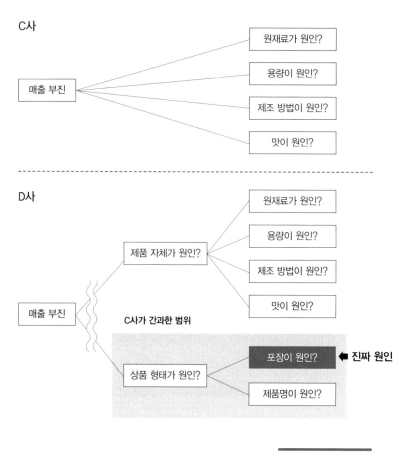

C사

매출 부진

- 원재료가 원인?
- 용량이 원인?
- 제조 방법이 원인?
- 맛이 원인?

D사

매출 부진

제품 자체가 원인?
- 원재료가 원인?
- 용량이 원인?
- 제조 방법이 원인?
- 맛이 원인?

C사가 간과한 범위

상품 형태가 원인?
- 포장이 원인? ◀ 진짜 원인
- 제품명이 원인?

과자 매출 부진의 원인

좁게 나눌수록
발상을 넓힐 수 있다

바꿔 말하면, 사고는 대상을 의식적으로 좁히는 순간 한층 넓어진다. 역설적으로 들리는가? 예를 들어 설명해보자.

"세상에는 어떤 자동차가 있을까? 가능한 한 넓게 생각해보자."

이런 질문을 받았다고 하자. 연수에서 질문하면 다음과 같이 대답하는 사람이 많다.

- 코롤라
- 크라운
- 프리우스
- 벤츠
- BMW

또 이렇게 대답하는 사람도 있다.

- 세단
- 원 박스
- 미니밴

- 4WD
- 경차

　사람은 대부분 지식과 흥미 범위 내에서 마음대로 발상한다. 하지만 이것을 넓게 생각한다고 할 수 있을까? 이때 문제는 발상의 시점視點이 정해져 있지 않다는 점이다. 코롤라, 크라운, 프리우스는 차종이지만 벤츠, BMW는 자동차 제조회사다. 세단, 원 박스, 미니밴은 차량의 차체 형태고, 4WD는 차륜의 구동 형식이며, 경차는 배기량에 의한 분류다.

　이렇게 발상하면 정말 충분히 발상하고 있는지 판단이 서지 않는다. 떠오르는 대로 발상하는 한, 아이디어 범위는 충분히 넓어지지 않는다.

프레임워크 사고의 본질은
좁게 나누어 생각하는 일

　그러면 발상을 넓히기 위해, 즉 바보의 벽을 의식하기 위해 먼저 무엇을 해야 할까? 대답은 간단하다. 자신이 지금 무엇에 대해 생각하고 있는지 명확히 하면 된다. 발상에 바보의 벽이 있는 것은 자신이 생각하는 범위가 전부라고 확신하기 때문이다. 자신이 생각하는 범위를 확실히 한다는 것은 그 '밖'에 다른 범위가 존재한다고 인정하는 일이다. 이것이 전부라고 생각하지 않지만, 지금 당장은 이 부분에 초점을 맞춘다고 자각하는 상태다.

이것이 비즈니스 이론에서 언급되는 '프레임워크 사고'의 본질적인 의미다. 프레임워크(틀)를 만드는 것은 사고를 일정한 범위에 한정하면서, 동시에 그 외부도 의식하는 일이다. 반대로 사고가 프레임워크를 빼놓았을 때는 지금 사고하는 범위가 전부라고 확신한다. 따라서 대상 범위 밖은 아무리 머리를 굴려도 발상에서 빠져나간다. 경쟁 상대의 의식이 바깥으로 향하면 금세 '아뿔싸'를 외치게 될 것이다.

다시 한 번 자동차의 예를 살펴보자. "어떤 자동차가 있는가?"라는 질문을 만나면 먼저 사고의 **경계선**(프레임워크)을 설정해야 한다. 다양한 기준이 있을 수 있다.

- 도요타^{Toyota} 자동차인가?(기준: 제조회사)

- 200만 엔보다 비싼가?(기준: 가격)

- 1,500cc 이상인가, 미만인가?(기준: 배기량)

- 빨간색인가?(기준: 색상)

- 국산차인가, 외제차인가?(기준: 생산국)

이때 경계선이 모호해지지 않게 하는 것이 중요하다. 가령 "비싼가, 비싸지 않은가?"라는 기준은 발상을 넓히는 경계선으로는 적절하지 않다. 모든 자동차가 경계선 안에 속하는지, 밖에 속하는지 명확히 구분할 수 있는 기준을 찾아야 한다. 반면에 200만 엔이라는 경계선은 명확하다. 모든 자동차는 200만 엔 이상인지 미만인지 나눌 수 있기 때문이다.

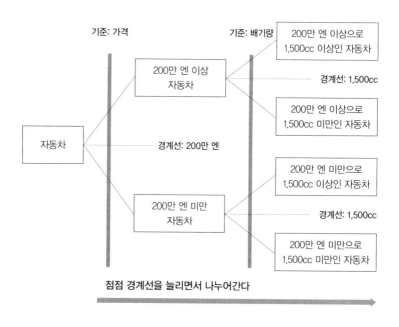

기준: 가격

기준: 배기량

200만 엔 이상 자동차

200만 엔 이상으로 1,500cc 이상인 자동차

경계선: 1,500cc

200만 엔 이상으로 1,500cc 미만인 자동차

자동차

경계선: 200만 엔

200만 엔 미만으로 1,500cc 이상인 자동차

200만 엔 미만 자동차

경계선: 1,500cc

200만 엔 미만으로 1,500cc 미만인 자동차

점점 경계선을 늘리면서 나누어간다

기준과 경계선을 의식하면서 분해한다

발상을 더 넓히려면 다시 경계선을 늘리고 더욱 좁게 나누어 생각하면 된다. 여기에 "1,500cc 이상인가, 미만인가?"라는 경계선을 더해보자. 자동차는 1,500cc 이상인지 미만인지로 전부 나뉘므로 누락이 발생하지 않는다. 이런 작업을 반복하면서 어떤 자동차가 있는지 넓게 생각할 수 있다.

천재에 가까워지는
방법

발상에는 반드시 바보의 벽이 있다. 따라서 경계선을 넣어가며 생각해야 한다. 반면에 천재는 이런 절차를 밟을 필요가 없다. 앞에서 '천재=다작하는 사람(=발상의 폭이 매우 넓은 사람)'이라는 정의를 소개했다.

여기에서 알 수 있는 것은 천재는 바보의 벽이 있기가 어려운 사람이라는 점이다. 발상 폭이 매우 넓고 아이디어 총량이 많다는 것은 바보의 벽이 극히 적어서 무의식적으로 간과하는 일이 거의 없다는 의미다.

제로베이스 사고를 많이들 장려하지만, 기본적으로 그 주장에는 회의적이다. 제로베이스 사고는 바보의 벽이 없는 천재에게만

허락된 자질이기 때문이다. 유감스럽게도 평범한 사람의 발상에는
바보의 벽이 있다. 그러나 낙심할 필요는 없다. 경계선을 의식하면
누락을 줄이고 천재에 가깝게 발상할 수 있기 때문이다.

발상의 **양**을 정하는
세 가지 변수:
재료 → 가공 → 표면화

　'발상의 본질은 생각해내는 것'이라는 논점에 대해 살펴보자. 고대 그리스 철학자 플라톤은 "진실의 인식이란 상기하는 것(생각해내는 것)"이라고 말했다. 가령 피타고라스의 정리를 올바르다고 인식할 수 있는 것은 예전부터 우리 정신이 진리의 세계(이데아의 세계)에 존재했다가 지금 막 이데아를 생각해냈기 때문이다. 이렇게 생각하는 것이 가장 이치에 맞는다고 플라톤은 주장했다. 이데아idea를 어원으로 하는 아이디어에 대해서도 이렇게 말할 수 있다. 즉, 발상한다는 것은 생각해내는 일이다.

'잊다'에는
두 가지 의미가 있다

'발상하다'와 '생각해내다'가 비교되는 것은 둘 다 머릿속에서 무언가를 끌어낸다는 공통점이 있기 때문이다. 일반적 의미의 '생각해내다'는 머릿속의 정보(지식)를 표면화하는 일이다. 반면에 '발상하다'는 머릿속에 잠재한 아이디어를 표면화하는 것이다. 우리가 '아뿔싸'라고 느끼는 이유는 상대가 현실에서 발상한 아이디어를 자신도 잠재적 형태로 지니고 있기 때문이다. 그것을 상대가 먼저 표면화한(생각해낸) 반면에 이쪽은 표면화하지 못했기에(깜빡 잊어서) 분한 감정이 솟아오른다.

여기에서 중요한 것이 '발상의 아뿔싸＝깜빡 잊었다'라는 점이다. '잊다'라는 말에도 두 가지 의미가 있다. 하나는 머릿속에 정보가 아예 없는 상태, 즉 무엇을 잊었는지 자체를 모르는 상황이다. 다른 하나는 정보나 아이디어는 머릿속에 있지만 끌어내지 못한 상태다. 따라서 그것을 타인이 훌륭하게 끌어내면 "아, 그랬지……", "알고 있었는데", "아뿔싸, 왜 잊고 있었지"라고 아쉬워하게 된다.

일류 카피라이터가 훌륭한 카피를 만들거나 개그맨이 일상생활 속 사소한 일을 소재로 관객의 공감을 불러일으키는 것도 전부 이

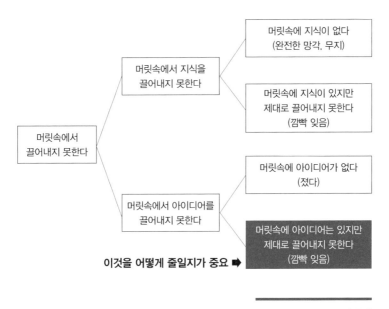

이것을 어떻게 줄일지가 중요 ➡

발상에서 문제가 되는 '잊다'

런 일이다. 잠재적으로 우리 머릿속에 들어 있는 아이디어기에 "맞아, 그렇지!" 하고 무심코 수긍하게 된다.

참고로 플라톤은 《국가》에서 영혼은 환생하기 전에 망각의 강의 물을 마시고 전생의 기억을 잃는다고 썼다. 고대 그리스어에서 진리aletheia, 알레테이아는 바로 망각lethe, 레테에 부정사 a를 덧붙인 말이다. 즉 진리란 망각을 벗어난 상태, 생각해내는 일이라고 할 수 있다.

세 가지 요소로
발상의 질이 결정된다

지금까지의 내용을 토대로, 앞으로의 열쇠가 될 사고방식을 공식화해보자.

발상의 질 ≒ 발상의 폭 = ① 정보량 × ② 가공률 × ③ 발상률

발상의 질과 발상의 폭이 같다는 점은 이미 충분히 설명했다. 그럼 발상의 폭은 어떻게 결정될까?

이는 머릿속에 잠재한 아이디어를 얼마나 많이 표면화할 수 있는지에 달렸다. 머릿속에 있는 것을 표면화하는 데도 두 가지 패턴이 있다. 하나는 외부에서 받아들인 아이디어 소재(정보)를 그대로 끌어내는 것이다. 가령 "다이카 개신大化改新, 645년 일본에서 중앙집권적 정치체제를 구축하기 위해 일어난 정치 개혁－옮긴이이 일어난 해는 몇 년인가?"라고 물었을 때 "645년"이라고 대답하는 것은, 정보를 표면화하는 행위지만 발상이라고 하지는 않는다.

한편 경쟁에서 이기는 발상을 하려면 정보량(지식량)이 많기만 해서는 의미가 없다. 이를 조합해 아이디어 씨앗으로 심화해야 한다. 단순한 정보를 조합해 잠재적인 아이디어를 가공할 수 있는 비

율을 가공률이라고 하자.

즉, 얼마나 폭넓게 발상할 수 있는지는 다음 세 가지 변수가 얽혀서 결정된다.

① 머릿속에 아이디어 소재가 얼마나 있는가?(정보량)

② 소재를 얼마나 잠재적 아이디어로 가공할 수 있는가?(가공률)

③ 잠재적 아이디어를 얼마나 표면화할 수 있는가?(발상률)

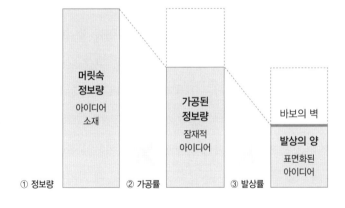

발상의 폭(질)을 결정하는 세 가지 요소

결국 공부를 잘하는 사람이
유리한가?

이렇게 정식화하면 '역시 배우는 게 중요하지 않은가?' 하는 사람이 있을지도 모르나, 사실 그렇지 않다. 아주 단순한 모델로 생각해보자. 예를 들어 A는 정보량이 800인 고학력 엘리트인데, 가공률이 50%, 발상률이 25%이므로 실제 발상률은 100이다. 반면에 B는 정보량 500으로 지식이 많지 않고, 가공률은 50%로 A와 같지만 발상률이 80%나 되므로, 최종적으로 발상률이 A의 두 배가 된다(71쪽 그림).

이것이 현재 일어나는 지적 하극상의 기본적인 구도다. 즉, ③ 발상률의 크기가 결과를 좌우하는 것이다. 특히 고학력 엘리트 중에, 머릿속에는 방대한 잠재적 아이디어가 있지만 이를 끌어내는 능력(발상률)이 매우 낮은 사람이 있다. 그런 사람은 다른 사람이 아이디어를 표면화할 때마다 "나도 그 생각은 했는데"라고 말한다.

우리 주변에도 이런 사람이 있다. 이들을 평론가라고 부른다. 비즈니스에서는 평론가로 빠지는 일만은 반드시 피해야 한다.

이제부터 ① 정보량, ② 가공률, ③ 발상률, 이 세 가지를 어떻게 높이면 좋을지 구체적인 방법을 설명해보겠다. 여기에서의 열쇠는 바보의 벽이다. 정보를 입력하는 데도, 그것을 가공하는 데도 그리고 머리에서 끌어내는 데도 바보의 벽이 파고들 여지가 있기 때문이다. 어떻게 바보의 벽을 의식해 발상을 넓힐 수 있는지, 먼저 ③ 발상률을 살펴보도록 하자. 이미 보았듯 90% 이상의 '아뿔싸'는 발상을 겉으로 드러내는 데 실패해 일어난다. 따라서 발상률을 높이는 일이 발상의 질을 높이는 지름길이라고 할 수 있다.

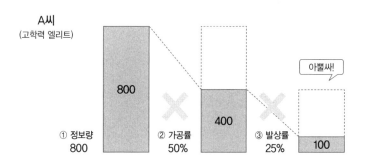

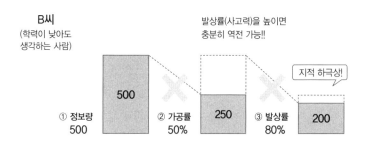

지적 하극상이란 무엇인가?

3강

논리적으로
생각한다

천재에
가까워지는
생각법

쓰고 있을 때
생각하는 것이다

비즈니스에서 필요한 이기는 사고를 하려면 잠재적 아이디어를 극한까지 넓게 끌어내어 '아뿔싸'를 피해야 한다.

그런데 머릿속에 있는 아이디어를 끌어내거나 잠재적 아이디어를 표면화한다고 말할 때, '끌어낸다(표면화)'는 것은 구체적으로 어떤 의미일까? 잠재적 아이디어와 표면화된 아이디어, 머릿속에 있기만 한 아이디어와 머리 밖으로 끌어낸 아이디어를 구분하는 것은 무엇일까?

팔짱 끼고 끙끙댄다고 해서
생각하는 것은 아니다

연수에서도 같은 질문을 한 적이 있다.

"생각하는 것은 무엇입니까? 생각하는지, 생각하지 않는지를 나누는 표지標識는 무엇이라고 생각하나요?"

이렇게 질문하면 "구체적인 성과를 내는지 아닌지로 정해진다"고들 한다. 그러나 이것은 정확하지 않다. 생각하는 것은 일종의 과정이며, 그 성과물이 실제로 존재하는지 여부는 관계없기 때문이다. 최종적인 성과가 나오지 않아도 "확실히 생각했는데……" 하는 경우가 있다.

사람이 생각하는지 아닌지는 그 생각을 쓰고 있는지 아닌지에 달려 있다. 아이디어를 끌어내는 일은 아이디어를 쓰는 일과 같다. 지금까지 신중하게 생각해본 경험이 있는 사람이라면 떠올려보라. 한 시간이나 두 시간 동안, 팔짱 끼고 끙끙대면서 이리저리 생각했는가? 그런 사람은 극히 드물다. 정말로 무언가를 생각할 때는 과정이나 최종적인 성과에 대해 무엇이든 적고 있을 것이다. 반대로 말하자면 그런 과정이 없는 한 생각했다고 말할 수 없다.

아이팟iPod이 애플에서 발매되었을 때, 일본의 한 전자기기 제조 회사 사원들이 "그 정도 아이디어를 생각하는 사람은 우리 회사에도 많다"고 하는 것을 보았다. 그러나 "그럼 누가 생각했습니까?"라고 물어도 구체적인 이름은 나오지 않았다. 사내 기획서도 없었다. 기획서가 없다는 것은 아이팟 같은 제품의 아이디어를 최종적인 성과로 머릿속에서 끌어내지 않았다는 의미다.

머릿속에 아이디어가 있는 것과 그 아이디어를 끌어내는 것은 전혀 별개의 일이다. 그러나 남의 아이디어를 본 순간, 마치 자신도 이전부터 같은 아이디어를 발상했다고 착각한다. 그렇기에 '생각한다=쓴다'를 의식하지 못하는 사람이 많다.

사고력이 우수한 사람일수록 방대하게 쓴다

흔히 듣는 말이지만, 퍼스트클래스에 타는 일류 비즈니스맨은 전부 메모광이다. 이 이야기는 여객기 승무원 사이에서도 유명하다고 한다. 일류인 사람은 기내에서도 항상 무언가를 쓰고 생각한다.[*]

고 나카우치 이사오中內功도 그런 사람 중 하나였다. 나카우치는

---

[*] 미즈키 아키코, 《퍼스트클래스 승객은 펜을 빌리지 않는다》 참고.

다이에이^{Daiei}를 혼자 힘으로 일으켰고, 또 혼자 무너뜨린 카리스마적 경영자다. 대규모 소매점 중 최고 매출을 자랑하던 다이에이를 쌓아 올린 이 인물도 놀랄 만큼 메모광으로 유명했다. 언제나 무언가를 쓰고, 생각하는 사람이었다.

따라서 나카우치 앞에서 프레젠테이션이나 보고를 하는 사람은 매우 힘들었다. 이쪽 이야기가 끝나자마자 나카우치가 연이어 질문을 퍼부었기 때문이다. 그는 방대한 메모를 적으면서 철저하게 생각하고, 발표자가 보지 못하는 바보의 벽을 알아차렸다. 그래서 "왜 이것이 발상에서 빠져 있는가?"라는 질문이 넘쳤다.

이런 사람이 경영자인 조직은 어떨까? 사내에서 프레젠테이션을 하면 누구나 철저하게 생각하게 된다. 사소한 일을 보고할 때도 "뒷일은 맡겨두지. 마음대로 조치하게"라는 식으로는 절대 하지 않는다. 따라서 다이에이는 매사를 생각하는 조직이었다.

그런데 아마도 긴장이 풀린 모양이다. 어떤 사람이 말하길, 나카우치는 60세 전후로 메모하는 일을 완전히 그만두었다고 한다. 이전처럼 날카로운 질문도 하지 않고, 현장에 맡기는 일이 많아졌다. 물론 경영자에게는 그런 측면도 필요하다. 하지만 나카우치의 변화는 당연히 조직에 영향을 주었다. 이렇게 다이에이 기업에서 '쓰다 = 생각하다'라는 문화가 없어졌고, 결국 회사의 쇠퇴로 이어지지 않았을까? 물론 이는 내 추측에 지나지 않지만 말이다.

천재조차 쓰지 않으면
생각하지 못한다

발명왕 에디슨도 쓰면서 생각하는 사람이었다. 앞에서 말했듯이, 그는 평생 3,500권의 노트를 채웠다. "천재는 1%의 영감과 99%의 노력으로 이루어진다"라는 유명한 말은 실제로는 노력을 칭찬하는 것이 아니라 영감의 소중함을 강조했다지만, 역시 그의 성과는 99%의 노력, 즉 3,500권의 노트가 지탱했다.

에디슨조차 아이디어를 표면화하려면(생각하려면) 써야 했다. 하물며 평범한 사람이 쓰지 않고 생각한다는 것은 불가능하다. 이를 바탕으로 한다면, "하루에 어느 정도 시간을 생각하는 데 씁니까?"라는 질문에 대한 대답도 바뀔 것이다. 연수 초반에 "5시간 정도 될 거 같네요"라고 아무렇지 않게 대답했던 간부 후보도 연수 끝 무렵에는 대부분, "겨우 10분이나 15분이요"라고 대답한다.

쓰지 않고 생각하는 사람은
몇몇 천재뿐이다

다만 '생각하는 일＝쓰는 일'은 어디까지나 일반인에게 들어맞는 진리며, 개념적으로 완전히 같다는 뜻은 아니다. 세상에는 아무것도 쓰지 않고 매사를 생각할 수 있는 놀라운 두뇌의 소유자도 있다.

예를 들어 문호 미시마 유키오三島由紀夫를 들 수 있다. 그는 1970년에 할복자살하지 않았다면 노벨문학상을 받았으리라고 할 만큼 천재로 알려졌다. 그러나 문학적 재능 이전에 대단한 수재로도 유명했다. 도쿄대 법학부를 수석으로 졸업하고 오쿠라쇼에 들어갔기 때문이다.

그의 작업 방식은 소설의 마지막 한 줄이 정해질 때까지 펜을 들지 않는 것이었다. 머릿속에서 원고지 수백 장을 전부 구성한 다음, 몽블랑 마이스터스튁Meisterstuck 149라는 촉이 굵은 만년필로 써 내려갔다고 한다.

이 이야기가 실화라고 이야기해준 편집자의 상사는 미시마의 마지막 담당 편집자였는데, 마감이 다가오면 미시마는 담당 편집자에게 이렇게 말했다고 한다.

"지금부터 원고를 전부 말할 테니, 그대로 받아쓰게."

그것이 그대로 소설 문장이 되었다고 하니 놀라울 따름이다. 우리는 이런 곡예가 불가능하다. 생각한다는 프로세스와 쓴다는 프로세스를 나눌 수 없으므로 쓰면서 생각하는 수밖에 없다.

말에는 **경계선**이 있다: **무지개**는 왜 **일곱 가지** 색깔인가?

생각하려면 써야 한다. 그럼 어떤 것에 신경 써야 할까?

- 절차를 확실히 하면서 쓴다.
- 항목별로 써도 좋으니 생각나는 것을 일단 많이 쓴다.
- 시각적으로 알 수 있도록 도해와 그림으로 쓴다.

모두 자주 이야기되는 내용이다. 하지만 무엇을 조심해야 하는지 다시 한 번 떠올려보길 바란다. 발상에 바보의 벽을 없애는 것이 사고의 질을 높이는 지름길이라면, 자신이 생각하는 범위를 의식해야 할 것이다. 그 범위를 둘러싸고 있는 경계선은 무엇일까?
이 경계선은 말이다.

말은 모든 것을 두 가지로 나눈다

몇 가지 예를 들어보자. '자동차를 가능한 한 많이 생각해
보자'는 앞의 예에서 200만 엔 이상이라거나 빨간색이라는 경계선
을 세웠다. 200만 엔이란 말은 모든 자동차를 200만 엔 이상의 자
동차와 그 미만의 자동차로, 빨간색이라는 말은 모든 자동차를 빨
간 자동차와 그렇지 않은 자동차로 나눈다. 말에는 본질적으로 대
상을 그런 것과 그렇지 않은 것으로 나누는 기능이 있다.

말을 터득한다는 것은 자신의 주변에 펄펄 끓어오르는 무수
하고 무한하며 무질서한 연속체를 말로 잘라내는 일이다.

이노우에 히사시井上ひさし,《책의 운명本の運命》(분슌분코文春文庫)

현실은 서로 이어져 있고, 정체를 알 수 없는 부분이 있다. A라
는 말은 현실을 A인 것과 A가 아닌 것으로 나누는 경계선이 된다.

무지개는 사실
일곱 가지 색깔이 아니다?

좀 더 알기 쉬운 예로 색을 나타내는 말을 살펴보자. 무지개는 일곱 가지 색깔이라고 하지만, 미국에서는 여섯 가지 색이라고 말한다. 그러나 무지개를 일곱 가지 색이라고 말하는 미국인과 만난 적도 있고, 지역과 시대에 따라 여덟 가지 색, 다섯 가지 색, 세 가지 색, 두 가지 색 등 다르게 파악한다. 이 중에 정답은 당연히 없다.

무지개는 빨간색 외선과 보라색 외선 사이의 빛의 파장이며, 실제로는 잘린 부분 없이 연결되어 있다. 무지개를 일곱 가지 색이라고 말할 때, 우리는 색을 나타내는 말을 사용해 그곳에 잘린 부분(경계선)을 넣는다.

무지개 중에도 주황색이라고 부르는 부분에는 빨간색에 가까운 주황색도 있고, 노란색에 가까운 주황색도 있다. 명확한 차이가 날리 없으니 주황색이라는 말을 부여해 주황색 부분과 그렇지 않은 부분에 경계선을 넣는다.

이렇게 나누는 방법은 말하기 나름이므로, 무지개는 서른 가지 색이라고 말해도 되고, 두 가지 색이라고 말할 수도 있다.

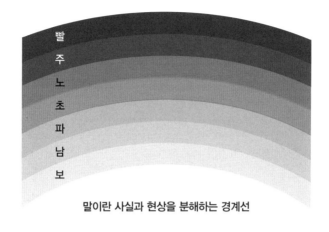

무지개는 일곱 가지 색인가?

빨
주
노
초
파
남
보

말이란 사실과 현상을 분해하는 경계선

─────────

말은 경계선이다

'definition'도
'ことのは'도 경계선이다

이렇게 말하면 "결국 정의한다는 말입니까?"라고 묻는다. 맞는 말이다. "이것은 A다"라는 정의는 '이것'이라는 현실에 말 A로 경계선을 넣는 행위다. 영어의 정의^{definition}는 본래 경계선이라는 의미가 있다. 정의한다^{define}의 어원인 라틴어 동사 definio는 접두사 de - ^{충분히}와 finis ^{종국, 경계}에서 유래한 것으로, 경계선을 확실히 한다는 뜻이다.

또한 일본어 ことば^말의 어원은 ことのは^{言の葉. 事の端}다. 여기에는 여러 가지 설이 있다. 현실의 일부분^{一端}밖에 표현하지 못한다는 의미라고 해석하기도 하지만, 그야말로 현실을 잘라낸 가장자리^端, 즉 경계선이 말이라고도 생각할 수 있지 않을까?

즉, 바보의 벽이 없도록 경계선을 넣는다는 것은 말을 확실하게 표현해 생각한다는 의미다.

갈고닦은 **어휘력**은
논리 사고력으로
직결된다

여기까지 발상의 '아뿔싸'를 줄이는 데 필요한, 생각하는 일의
본질을 살펴보았다.

- 생각하는 일은 쓰는 일이다.
- 말이란 경계선이다.

이쯤에서 '논리 사고의 간단한 본질'을 알아보자. 사실 지금까지
논리 사고에 대해서만 이야기했다. 무엇이 논리적으로 생각하는
것인지, '논리'나 '논리적'이라는 단어를 사용하지 않고 설명하려는

시도였다고 해도 좋다. 논리라고 말하는 순간 많은 사람이 오해하기 때문이다.

논리란 절차가 있는
일만은 아니다

일상 대화에서 무심코 "그의 이야기가 아주 논리적이다"라고 표현한다. 이 경우 '논리적'은 '(이야기의) 절차가 맞는다, 이론이 확실하다'는 의미다. 요컨대 A → B → C → D라는 이야기 전개에서 →(화살표)에 해당하는 것이 논리라는 사고방식이다.

'처음부터 끝까지 한결같은 절차로 생각하고 싶다'는 기대를 품고 이 책을 손에 든 사람도 많을 것이다. 물론 그런 논리 파악법도 틀리지 않다. 그러나 여기에서 말하는 '논리'는 달라서, 좀 더 기초적인 부분에 초점을 맞춘다. 논리logic 내지 논리적logical의 어원은 고대 그리스어인 로고스logos다. 로고스는 '말'이다. 고대 그리스어로 쓰인《신약성서》에서 〈요한복음〉 1장은 다음과 같이 시작된다.

태초에 말씀이 있었다. 말씀은 하나님과 함께 있었다. 말씀은 곧 하나님이었다. (신공동역)

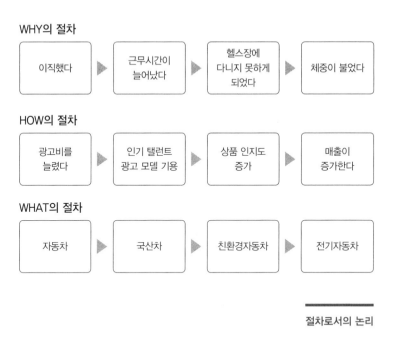

WHY의 절차

| 이직했다 | ▶ | 근무시간이 늘어났다 | ▶ | 헬스장에 다니지 못하게 되었다 | ▶ | 체중이 불었다 |

HOW의 절차

| 광고비를 늘렸다 | ▶ | 인기 탤런트 광고 모델 기용 | ▶ | 상품 인지도 증가 | ▶ | 매출이 증가한다 |

WHAT의 절차

| 자동차 | ▶ | 국산차 | ▶ | 친환경자동차 | ▶ | 전기자동차 |

절차로서의 논리

이때 '말'의 어원이 로고스다. 본래 논리(로직)는 말을 다루는 것이다. 그리고 말이란 경계선이다. 발상 확장을 방해하는 바보의 벽에 대항하는 유일한 방법은 생각하는 범위의 안과 밖을 말이라는 경계선에 따라 확실히 나누는 것이다.

결국 논리 사고의 본질은 말이 본래 지닌 경계선 기능을 최대한 발휘해 발상을 넓히고, 경쟁 상대가 간과하는 아이디어를 먼저 끌어내는 것이다. 그러므로 논리 사고 능력이란 발상 능력이다.

부품이 삐걱거리면
절차도 흔들린다

이런 식의 설명은 지금까지 생각해온 논리 사고의 이미지와 겹치지 않을 것이다. 이미 말했듯이 '논리＝절차'라고 생각하기 쉽기 때문이다. "A는 B다. 한편 A는 C기도 하다. 그러므로 B는 C다"라는 연역적논리는 절차며, "A를 실현하면 B가 발생하고 그에 따라 C를 실현한다는 전략이 논리적이다"라고 하는 경우에도 수평적인 전개(절차)가 떠오른다.

먼저, 절차의 논리를 부정할 의도는 없음을 알아두기 바란다. 절차를 구축하는 일은 실제 업무에서도 매우 유익하다. 본래 논리 사고에는 두 가지 측면이 있다.

① 절차를 명확히 해서 생각할 것
② 말을 명확히 해서 생각할 것

그러나 아무리 정교하고 웅장한 절차를 구성했다 해도 그 부품이 깨져 있으면 모든 것이 수포로 돌아갈 가능성이 있다. 절차의 논리를 구성했다 해도 그 부품은 말이므로, 말을 명확히 해야 한다.

여기에서 말을 명확히 하는 것에는 두 가지 함의가 있다.

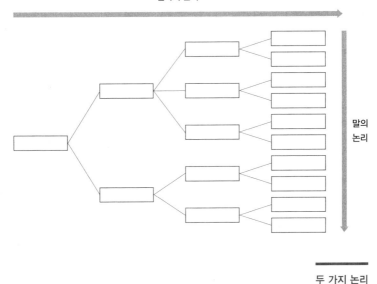

절차의 논리

말의
논리

두 가지 논리

① 대상을 말로 한다(이미지로 파악하지 않고 언어화한다.)

② 말의 윤곽을 확실히 한다(말의 의미를 모호하게 두지 않는다.)

먼저 자신이 무엇에 대해 생각하는지 말로 전해야 하며, 의미가
명확해야 한다. 두 가지를 대충 넘기고 절차를 만든다 해도, 그곳
에는 반드시 바보의 벽이 들어선다. 즉, 발상을 넓히고 아이디어
누락을 막는 데 절차의 논리는 무력하다.

맥킨지의 프레젠테이션은
말의 사용법이 다르다

물론 절차를 깨끗하게 정리한 전략 시나리오를 만들면 회사나 고객을 설득할 수 있을지도 모른다. 그러나 그때 사용하는 말은 정말로 충분히 검토되는가? 흔히 볼 수 있는 것이 컨설팅 용어라고 불리는 외래어다. 이것이 가장 위험하다. 브랜드나 전략이나 글로벌이나 얼라이언스라는 말이 명확한 경계선으로 기능하는가? 이런 말을 사용하지 않아도 대부분의 일을 설명할 수 있다.

하쿠호도에 다니던 1987년, 주류회사 기린Kirin 관련 회사가 고객이어서, 우연히 맥킨지 앤드 컴퍼니와 기린과의 공동 프로젝트에 참여할 기회가 있었다. 당시 기린은 매출을 더 올리면 회사가 분해될 우려까지 있을 만큼 독주하는 상태(맥주 시장점유율 60% 초과)로, 1970년대에는 5년간 전혀 광고를 내지 못하기도 했다.

그러나 같은 해에 아사히Asahi 맥주가 '아사히 슈퍼 드라이'라는 획기적인 상품을 만들면서 기린에도 위기가 감돌았다. 그래서 새로운 마케팅 전략을 맥킨지에 의뢰했다. 그 무렵 맥킨지는 내부 사정이 드러나지 않은 수수께끼 기업이었다.

'분명 하버드나 MIT를 졸업한 엄청난 엘리트들이 비즈니스 스쿨에서 배운 이론으로 무장하고 있으려나?'

멋대로 그렇게 생각하던 나는 긴장한 채 첫 미팅에 임했다. 하지만 그들의 프레젠테이션을 본 순간, 그 이미지는 완전히 무너져 내렸다. 무엇보다 그들은 일상적인 말밖에 사용하지 않았다. 앞서 말한 기묘한 컨설팅 용어는 등장하지 않았다. 평범한 국어를 이해할 수 있는 사람이라면 누구라도 알 수 있을 만큼 일반적인 표현을 사용해 전략을 설명하려 했다.

간단한 말과는 달리 그 전략은 매우 우수했다. 기린 맥주를 사서 마시는 평범한 아저씨, 아주머니라도 맥킨지 사람들이 세운 전략을 충분히 이해할 수 있을 정도였다.

말의 경계선만 확실하다면, 전문용어나 어려워 보이는 외국어는 필요 없다. 맥킨지의 프레젠테이션은 절차에 맞는다는 점에서도 매우 논리적이었지만, 무엇보다도 이를 구성하는 부품(말)이 확실히 정의되어 있었다. 즉, 프레임워크(경계선)로 발상의 범위를 분해하는 단계를 충실히 거친 것이다.

업계에서만 통용되는 전문용어를 문장마다 넣어서 이야기하는 사람을 본 적 있다. 이런 사람이 그 말을 어디까지 엄밀하게 생각하는지 의심스럽다. 진정한 사고력이 있다면 그런 허세가 없어도 사람을 움직이는 프레젠테이션을 할 수 있다.

말의 힘으로
혁신을 일으킨 혼다

　　어휘력이야말로 사고력과 발상력의 원천이라는 점은 창조적인 기업을 보면 알 수 있다. 그런데 일단 창의적인 기업은 후발 주자가 많다. 후발 기업은 선행 기업과 같은 일을 해도 절대 이기지 못한다. 그러므로 뒤늦게 시장에 뛰어들었는데도 나중에 업계 톱까지 잠식한 기업은 대부분 새로운 것을 창출한다.

　　예를 들어 혼다Honda는 4륜자동차 업계에 도요타나 닛산Nissan보다도 훨씬 늦게 들어왔다. 그런데도 어째서 지금의 혼다가 있는 것일까? 그들의 창조성은 역시 논리 사고 덕분이다. 그리고 그 본질은 말에 대한 철저한 고집에 있다.

　　혼다 전 경영기획실장 고바야시 사부로小林三郎에 따르면, 혼다의 연구 개발을 담당한 '혼다 기술 연구소'를 사내에서는 '혼다 언어 연구소'라고 불렀다고 한다.

　　기술과 자동차를 연구하기 전에 말을 둘러싸고 끝없는 토론이 지속되기 때문이다. (중략) 신차의 상품 콘셉트를 표현하는 말을 정하기 위해서만 와이가야ワイガヤ를 사흘 밤낮으로 세 번이나 실행한 개발팀도 있다. 어쨌든 말에 대한 고집이 대단하다. 따라

서 기술이 아니라 말을 연구하는 곳이라는 의미를 담아 혼다 언어 연구소라고 부른다.

《닛케이 모노즈쿠리 日経ものづくり》, 2011년 5월 호

'와이가야'는 혼다만의 용어로, 회사 밖에서 숙박하며 하는 회의를 말한다. 애초에 이론부터 철저히 생각하기에 하루 네 시간만 잔다고 한다. 뒤늦게 자동차 산업에 뛰어든 혼다가 오늘날 같은 위치에 오른 것은 이렇게 철저히 말에 고집을 부리는 태도 덕분 아닐까?

천재가 아니기에 반드시 바보의 벽에 마주치고 마는 우리가 아이디어의 폭을 넓히기 위해서는 말을 명확히 하는 수밖에 없다.

그래도 **논리 사고가**
최강의 발상법이다

마지막으로 논리 사고에는 없는 것에 초점을 맞춰 논리 사고의 특징을 살펴보자.

논리 사고를 포함한
네 가지 발상법

일단, 논리 사고란 말을 부품으로 하는 절차에 맞는 발상이라고 했다. 그럼 반대로 말과 상관없이 절차에 맞는 발상이란 무엇일까? 그것은 **이미지**에 따른 절차다. 이미지라고 하면 영상을 떠올리는 사람도 많지만, 시각 이미지 말고도 청각·미각·촉각·후각 이미지도 있다.

가령 제빵사가 새로운 케이크를 만들 때는 식감, 풍미, 단맛의 상태 등에 대해 일정한 이미지를 지니고 있을 것이다. 그것은 말에 의한 것은 아니지만 시각적 이미지(영상)만이라고 할 수도 없다. 그렇다고 해도 사람은 대부분 이미지를 영상으로 담아두고 있으니 '이미지＝영상'이라고 해도 문제는 없을 것이다. 그러므로 영상에 따라 절차를 따라가는 발상도 있을 수 있다.

그렇다면 발상은 절차를 따라갈 수밖에 없는가? 그렇지 않다. 착상이나 영감이나 **직감**이라고 부르는 것은 선적인 과정을 거치지 않는다.

- 절차: A → B → C → D로 단계를 거치는 선적인 발상
- 직감: D로 갑자기 비약하는 점적인 발상

따라서 발상에는 형식적으로 96쪽 도해처럼 네 가지 형태가 있을 수 있다. 직감으로만 발상할 수 있는 사람은 천재다. 천재는 바보의 벽이 없으므로 발상의 폭이 넓고 논리에 따른 분해 단계(절차)가 없어도 단숨에 직감적으로 아이디어를 떠올린다. 그렇게 할

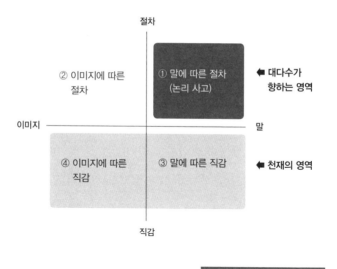

절차

② 이미지에 따른
　절차

① 말에 따른 절차
　(논리 사고)

◀ 대다수가
　 향하는 영역

이미지 ─────────────────────── 말

④ 이미지에 따른
　직감

③ 말에 따른 직감

◀ 천재의 영역

직감

발상에는 네 가지 종류가 있다

수 없는 사람은 절차를 따라가면서 사고의 폭을 넓혀야 한다.

이미지 사고에 따르는
장애물

천재가 아닌 사람은 직감보다 절차에 의존하는 편이 좋다고 하더라도, 이미지가 아니라 말을 사용하는 것이 좋은 이유는 무엇일까?

이미지로 사고하는 능력이 빼어난 사람이라면 말을 사용할 필요가 없을지도 모른다. 그러나 대개는 말을 사용하는 편이 압도적으로 유리하다.

우선, 성과의 문제가 있다. 이미지 사고는 도해나 그림이나 동영상만으로 매사를 생각하는 것인데, 그렇게 되면 타인에게 전달할 때도 당연히 이미지를 사용하게 된다. 그러나 이미지만으로 전달하는 데는 역시 한계가 있다.

예를 들어, 어느 기업의 전략을 말을 사용하지 않고 이미지만으로 전달하는 것은 지극히 어려운 기술이다. 그림과 도해만으로 기획서를 만드는 과정을 상상해보라. 스포츠 선수라면 성과는 게임 결과로 내면 되고, 요리사라면 맛있는 음식을 만들면 된다. 그러나 일반적인 비즈니스맨에게 요구되는 최종적인 성과는 역시 말이다.

게다가 이미지 사고는 궁극적으로 그 사람의 이미지 능력에 의존한다. "도해로 생각하는 능력을 기르자"라고 주장하는 책이 넘쳐나지만, 그림이 서툰 사람은 이미지 사고에 맞지 않다. 대부분의 사람은 역시 말로 생각하는 편이 타인에게 전달하는 데도, 개인의 입장에서 사고하는 데도 좋다.

이치로가 말×절차라면
나가시마는 이미지×직감

야구 세계에서는 "훌륭한 선수가 반드시 훌륭한 감독이 되지는 않는다"라고 한다. 선수는 자신의 플레이를 이미지로 파악하면 되지만, 막상 감독이 되면 그것을 절차에 따라 말로 설명하는 능력이 필요하기 때문이다.

가령 몇 개 팀에서 감독을 맡았던 노무라 가쓰야野村克也는 검술의 달인 마쓰우라 세이잔松浦靜山이 한 "뜻밖의 승리는 있어도 뜻밖의 패배는 없다"는 말을 자주 인용했다. 우리는 보통 경기에서 이기면 그대로 만족하고 원인을 생각하지 않는다. 그러나 노무라 전 감독은 경기에서 이기고 나면 나중에라도 그 이유를 철저하게 말로 바꿔 분석했다고 한다. 정말 논리적인 사람이다.

또한 메이저리그에서 활약하는 스즈키 이치로鈴木一朗 선수는 영화감독 기타노 다케시北野武, 비트 다케시와의 대담에서 "나는 천재가 아니다"라고 단언했다. 주변 사람이 보기에는 놀라운 발언이지만, 이치로 선수는 이렇게 말했다.

"나는 올해에만 242개의 안타를 쳤습니다. 그런데 나는 242개를 어떻게 쳤는지 전부 설명할 수 있습니다. 진정한 천재인 나가시마 시게오長嶋茂雄와는 그런 점이 다릅니다."

그도 눈앞의 이미지를 말로 바꾸어 극히 논리적으로 야구를 하는 선수라고 할 수 있다.

이와 대조적인 사람이 이치로가 진정한 천재라고 부른 전 야구 선수이자 야구 지도자, 나가시마 시게오다. 그가 선수에게 타격 지도를 할 때 "볼이 붕 하고 날아오면 탁 치면 된다"고 했다는 에피소드는 잘 알려져 있다. 이 사람은 말보다도 이미지로 야구를 했던 전형적인 인물이다.

나가시마에게는 '슈트shoot. 몸 쪽으로 떠오르는 변화구를 가리키는 일본식 표현. 보통 라이징패스트볼 또는 테일링이라고 한다로 80줄'이라는 일화도 있다. 슈트라는 변화구를 어렵다고 여긴 그는 "오늘 홈런은 어떤 구종이었습니까?"라고 질문받으면 반드시 슈트라고 대답했다고 한다. 어쩌면 나가시마 나름대로 노리는 목표가 있었을지도 모르지만, 그 이상은 절차에 맞게 설명해주지 않아서 스포츠 기자들이 80줄의 기사를 쓰는 데 무척 고생했다고 한다. 나가시마는 절차보다 직감에 어울리는 사람임을 알 수 있다.

중요한 것은 이치로 같은 초일류 선수조차 말로 생각한다는 점이다. 이미지나 직감을 전부 부정하는 것은 아니지만, 비즈니스맨이라면 역시 말로 생각하는 것을 주로 삼는 편이 유리하다. 그러므로 논리 사고로 발상의 질을 높여야 한다.

4강

발상률을
높인다

광대한 사막에서
보물을 발굴하려면?

무심코
잊는 일을 줄이는
전략적 **체크리스트**

2강에서 확인한 공식을 다시 한 번 떠올려보자.

발상의 폭 = ① 정보량 × ② 가공률 × ③ 발상률

발상을 넓히고 싶을 때 가장 빠른 방법은 ③ 발상률을 높이는 일이다. 그리고 앞에서 확인했듯이, 발상률을 높이려면 논리 사고로 바보의 벽에 대항해야 한다. 바보의 벽이 들어서면 머릿속에 잠재된 아이디어를 꺼낼 기회를 깜빡 잊기 때문이다. 그럼 이렇게 깜빡 잊는 일을 방지하려면 어떻게 해야 할까?

무심코 잊는 것을
피하기 위한 습관

업무 상황을 떠올려보자. 연이어 여러 가지 일이 날아든다. 상사가 "A건, 다음 주 월요일까지 부탁해"라고 말하고 서류를 두고 갔다. 거기에 후배가 "B건, 상담하고 싶은데요"라며 말을 걸어왔다. 그러는 사이 상사에게 부탁받은 안건을 무심코 깜빡 잊어버렸다. 알아차렸을 때는 이미 기한이 지났다. 이런 일을 겪은 적 없는가?

이렇게 깜빡 잊는 일은 발상에서 깜빡 잊는 것과 같다. 머릿속에 어떤 벽이 있어서 '이걸로 오늘 일은 끝이다' 하고 생각하는 바람에 남은 업무가 사고에서 누락된다. 알아차렸을 때는 '아뿔싸!' 하게 된다.

깜빡 잊는 것을 피하려고 대개는 메모를 한다. 업무가 많은 경우에는 항목별로 적어둘 것이다. 여러 가지로 부를 수 있지만, 이 책에서는 **체크리스트**라고 하자. 체크리스트가 있으면 발상을 잊지 않을 수 있다. 소풍에 가져가야 하는 준비물이나 신규 고객과 계약을 맺어야 할 때의 흐름을 확인하는 등, 체크리스트는 자주 활용된다. 누구나 쉽게 깜빡 잊기 때문이다.

뒤집어 말하자면, 체크리스트는 발상을 잊지 않고 전체적으로 넓게 생각하기 위한 툴이다. 발상의 질을 높이려면 발상률을 높여야 한다. 즉, 경쟁 상대를 이겨내는 데도 체크리스트는 가장 확실한 도구가 된다.

뛰어난 체크리스트에 공통으로 포함되는 두 가지 조건

그러면 체크리스트를 어떻게 만들어야 할까? 뛰어난 체크리스트의 조건을 살펴보자. 가령 오른쪽의 카레 파티에 필요한 쇼핑 체크리스트 중 문제가 있는 것은 무엇일까?

답은 A와 D다. 체크리스트의 목적은 발상을 잊지 않는 것이다. 그 점에서 A는 일단 문제가 있다. 이 리스트가 있어도 구매 목록을 잊지 않는 데는 도움이 되지 않기 때문이다. D의 체크리스트는 '어떤 마실 것을 사야 할까?'가 구체적이지 않다는 점에서 역시 문제가 될 수 있다. 분명히 마실 것에는 맥주도 포함되지만, 쇼핑을 하러 간 사람이 술을 못하는 사람이라면 맥주를 사지 못할 가능성이 크다. 구체적이지 않은 것도 역시 발상을 잊게 만든다.

반면에 B에 있는 중복은 혼란을 초래한다는 점을 제외하면 큰 문제가 없다. 구매 목록을 잊는 일이 생기지 않기 때문이다. C의

다음 중 문제가 있는 체크리스트는 무엇인가?(다수 가능)

본래 사야 할 것(카레 파티)

· 양파 · 당근 · 감자

· 소고기 · 맥주 · 카레가루

체크리스트A	체크리스트B	체크리스트C	체크리스트D
사야 할 것	**사야 할 것**	**사야 할 것**	**사야 할 것**
☐ 1. 양파	☐ 1. 양파	☐ 1. 양파	☐ 1. 양파
☐ 2. 당근	☐ 2. 당근	☐ 2. 당근	☐ 2. 당근
☐ 3. 감자	☐ 3. 감자	☐ 3. 감자	☐ 3. 감자
☐ 4. 소고기	☐ 4. 소고기	☐ 4. 소고기	☐ 4. 소고기
☐ 5. 맥주	☐ 5. 맥주	☐ 5. 맥주	☐ 5. 마실 것
	☐ 6. 카레가루	☐ 6. 카레가루	☐ 6. 카레가루
	☐ 7. 채소		

※ 항목에 누락이 있다	※ 항목에 중복이 있다	※ 항목에 우선순위가 매겨져 있지 않다	※ 항목이 구체적이지 않다

뛰어난 체크리스트의 조건이란?

우선순위도 발상을 잊지 않는 데는 필요조건이 아니다. 우선순위
는 '있으면 좋은' 정도다. 여기에서 알 수 있는 좋은 체크리스트의
조건은 두 가지다.

- 항목에 누락이 없다.
- 항목이 최대한 구체적이다.

그럼 이 두 가지 조건을 만족하는 체크리스트는 어떻게 만들까?

갑자기 완벽한 체크리스트를 만들 수는 없다

어느 공원의 관리사무소에서 '공원의 비둘기가 줄어들고 있다. 원인을 찾고 싶다'는 의뢰를 했다고 하자. 당신은 리더로서 팀을 소집하고 멤버를 불렀다.

"여러분, 이 공원에서 비둘기가 줄고 있다고 한다. 어떤 원인을 생각할 수 있을까? 생각 가능한 가설을 철저하게 찾아내자."

멤버들에게서 이런 의견이 나왔다고 하자.

- 어떤 사람이 비둘기를 포획해 데려가지 않았는가?
- 치사율 높은 비둘기만의 전염병이 유행하지 않았는가?
- 어떤 인공물로 사고사하는 비둘기가 늘어나지 않았는가?

당신은 멤버가 생각한 가설을 화이트보드에 항목별로 써 내려 갔다. 그럴듯한 가설부터 검증하기로 하고 회의를 마치려는데, 멤버 중 한 사람이 손을 들었다.

"저…… 마침 떠오른 생각인데, 천적의 수가 늘어나서 다른 지역으로 옮겨 갔을 가능성은 없을까요?"

모두 그럴 수도 있겠다고 생각했다. 당신은 서둘러 이 가설도 리스트에 추가했는데, 문득 '혹시 아직 커다란 가능성을 간과하고 있는 게 아닐까?' 하는 생각이 들었다.

실제로 이 단계에서는 간과한 부분이 상당하다. 그중에 진짜 원인이 숨겨져 있을 가능성도 있다. 그렇다고 회의를 길게 하며 다함께 고민한다고 해서 의미가 있을까?

이때 체크리스트가 필요하다. "A라는 범위에 대해 충분한 가설이 나왔는가?", "B라는 범위에서는?", "C에 대해 가설이 불충분하지 않은가?" 등을 확인하기 위한 일람표가 있어야 가능성을 충분히 검토했는지 판단할 수 있다.

그러나 갑자기 전체를 망라하는 리스트를 만들기란 불가능하다. 바보의 벽이 없는 천재나 가능할 것이다. 갑자기 이런 리스트를 만들려고 하면 반드시 놓치는 부분이 생긴다.

누락을 방지하려면
단계적으로 나누는 수밖에 없다

좋은 체크리스트를 만들려면 어떻게 하면 될까? 바로 단
계적으로 항목을 나누면 된다. 분해를 반복하면 커다란 항목이 나

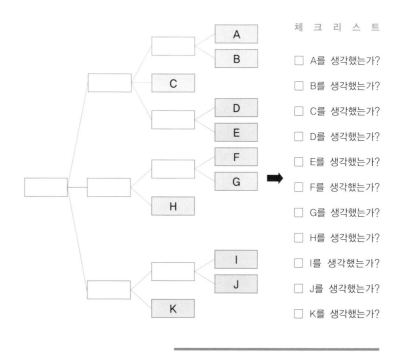

누락 없이 분해한 항목의 끝이 체크리스트가 된다

뭇가지 형태로 갈라진다. 또한 발상을 잊지 않도록 항목을 분해하려면 명확한 경계선이 필요하다.

예를 들어 '모든 자동차'를 분해할 때 '높은 가격'은 경계선으로 모호하다. 가격이 비싼 자동차와 비싸지 않은 자동차로 나눠도 누락되는 자동차가 나올 가능성이 있다.

반면에 200만 엔을 경계선으로 하면 200만 엔 이상인 자동차와 미만인 자동차로 분해할 수 있다. 이를 배기량 1,500cc를 경계선으로 나누면 더욱 구체적인 항목이 된다.

논리 사고, 즉 말을 명확히 해서 절차를 따라 거듭 나누고 항목을 나뭇가지처럼 갈라지게 하면, 나뭇가지 끝에 오는 항목이 사고의 누락을 막는 체크리스트가 된다. 나뭇가지 끝이 10개라면 각각에 대한 가설을 생각하면 된다. 그러면 발상을 잊지 않을 수 있다.

논리나무의 본질은
논리의 **절차** × 직감의 **비약**

앞에서 체크리스트의 중요성을 확인했다. 그러나 아무리 분해를 거듭한들 체크리스트일 뿐, 결국 106쪽에 나온 구체적인 아이디어에는 도달할 수 없다. 그렇다면 어떻게 해야 할까?

논리 사고는 직감이 있어야
비로소 완결된다

스기야마 고타로杉山恒太郎라는 사람을 아는가? 이름을 모르더라도 이런 문구는 들어본 적 있을 것이다.

반짝반짝 1학년
세븐일레븐 좋은 기분

스기야마는 광고회사 덴쓰電通 출신으로, 멋진 카피를 생각해낸 전설적인 크리에이티브 디렉터다. 이런 아이디어를 내는 사람은 상당히 훌륭한 영감의 소유자라고 생각하기 쉽다. 하지만 스기야마는 저서에서 이렇게 말했다.

주제를 논리적으로 추구하고 추구한 뒤에 논리를 뛰어넘어 생겨나는 것이 진정한 아이디어다.
스기야마 고타로,《크리에이티브 마인드クリエイティブマインド》(임프레스 재팬)

스기야마가 말한 대로 체크리스트에 기초한 구체적인 답을 내는 단계에서는 논리를 뛰어넘어야 한다. 체크리스트는 사고의 범위를 좁히는 데 지나지 않는다. 그 범위 내에서 구체적인 아이디어를 낼 때는 역시 직감이 필요하다.

논리나무는 본질적인 논리
이외의 것도 포함한다

앞의 예에서 '공원에서 비둘기가 줄어든 원인'을 검토했을 때 '천적의 수가 늘어나서 다른 지역으로 비둘기가 도망가 버렸다'는 가설이 나왔다. 이런 구체적인 아이디어는 원인을 아무리 논리적으로 분석해도 나오지 않는다. 최대한 좁혀도 '비둘기가 줄어드는 비율이 늘어났는가?' → '공원 밖으로 유출되는 수가 늘어났는가?' → '다른 지역으로 날아간 수가 늘어났는가?' 정도다.

다만 중요한 것은 거기까지 사고의 범위를 좁히는 일이다. '천적이 늘어났다'를 갑자기 생각해내지 못하는 사람이라도 논리 사고에 따라 체크리스트를 만들어 "다른 지역으로 날아간 개체가 늘어났는가?"라는 항목을 검토하면, "천적이 늘어났다"는 발상을 직감으로 떠올릴 가능성이 상당히 높아진다. 마찬가지로 다른 항목에 대해서도 직감으로 낸 구체적인 아이디어가 각각 눈앞에 떠오르게 된다.

사실은 이것이 세상에서 **논리나무** logic Tree 혹은 **트리**라고 부르는 것의 본질이다. 논리나무라고 부르니 논리만으로 구축되어 있다고 생각하기 쉽지만, 발상을 넓히기 위한 도구로 사용할 경우 트리에는 반드시 직감 요소가 포함된다. 즉, 논리나무는 논리 사고에 따

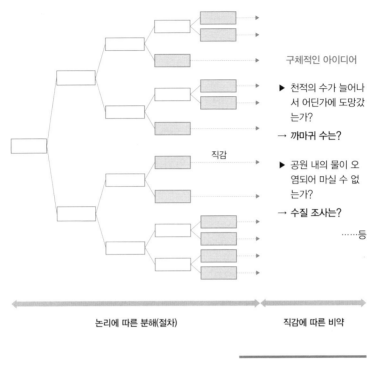

구체적인 아이디어

▶ 천적의 수가 늘어나
서 어딘가에 도망갔
는가?

→ 까마귀 수는?

▶ 공원 내의 물이 오
염되어 마실 수 없
는가?

→ 수질 조사는?

⋯⋯등

직감

논리에 따른 분해(절차)   직감에 따른 비약

체크리스트에 직감을 적용한다

른 체크리스트를 만들어 직감의 적용 대상을 극한까지 넓힌 결과
라고 할 수 있다.

직감이 없다고
한탄할 필요는 없다

논리와 직감은 상반되지 않는다. 오히려 양쪽 사이에서 능숙하게 보완관계를 만드는 능력이 발상의 전쟁터에서 승패를 가른다. 그러나 직감이 중요하다고 말하면 "와, 직감은 좋은 거네요"라고 안심하는 사람도 있고, "뭐야, 결국은 직감인가" 하고 실망하는 사람도 있다. 후자는 직감 능력에 자신이 없을 것이다.

분명히 직감과 영감이 뛰어난 사람이 있다. 나는 그런 능력이 뛰어나다고 생각하지 않으며, 그것을 갈고닦는 방법이 있는지 알지 못한다. 다만 분명한 점은 직감 능력이 없음을 한탄하는 일은 시간 낭비라는 사실이다. 천부적인 재능을 지니지 못한 사람들이 유일하게 할 수 있는 것은 논리 사고 능력을 높이는 일, 그 기초가 되는 말의 능력(어휘력)을 갈고닦는 일이다.

눈앞에 커다란 사막이 펼쳐져 있다고 상상해보자. 사막 어딘가에 보물이 묻혀 있다. 대단한 직감의 소유자는 그 광대한 사막으로 갑자기 뛰어나가서 "틀림없이 여기에 보물이 묻혀 있어!"라며 목표를 잡고 보물을 찾아낸다. 하지만 그런 직감력이 있을 리 없는데 어림짐작으로 모래를 파낸다면 승산이 없다.

그렇다면 논리의 체크리스트를 만들어 보물이 있는 장소를 좁

날카로운 직감의 소유자(천재)	논리 사고로 접근

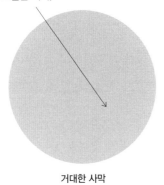

보물은 여기!

거대한 사막

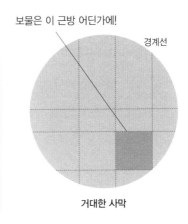

보물은 이 근방 어딘가에!

경계선

거대한 사막

논리 사고로 보물이 있는 장소를 좁힌다

혀야 한다. 최종적으로 파낼 장소는 직감에 맡겨야 하지만, 범위를 좁혀 '반경 3미터 안쪽 어딘가에 있다'는 식으로 파악하면 보물을 찾아낼 확률이 훨씬 높아진다.

마지막에는 직감에 따른 비약이 빠질 수 없다

또 다른 비유도 생각해보자. 눈앞에 아주 깊은 계곡이 펼쳐져 있다. 뒤에는 시간이라는 이름의 맹수가 쫓아오고 있어서 어떻게든 계곡 반대편으로 건너가야 한다. 직감이나 착상에만 의존해 어떤 아이디어에 달려드는 것은 이 계곡을 느닷없이 한 번에 뛰어 건너는 행위와 같다. 보통 사람과는 다른 도약력(직감력)을 지닌 사람이라면 건너편에 착지할 수 있을지도 모르지만, 대다수는 캄캄한 계곡 밑에 떨어져 죽을 것이 뻔하다.

논리 사고로 발상의 폭을 넓히는 일은 계곡에 다리를 놓는 일과 같다. 뒤에 있는 맹수가 당신을 쫓아오기 직전까지 논리의 다리를 놓지만, 그것만으로는 건너편에 도달할 수 없다. 마지막은 직감으로 점프하는 수밖에 없다. 하지만 다리가 길수록 점프에 성공할 확률이 커진다.

즉, 우선은 한계점까지 계속 다리를 놓아야 한다. 스기야마가 "논리적으로 추구하고 추구한 뒤에"라고 말한 것도 그런 이유다. 다만 비즈니스 경쟁에서는 시간이라는 요소가 얽혀 있음을 절대 잊어서는 안 된다. 논리의 다리를 최대한 늘리는 일도 중요하지만 이 다리를 놓는 데는 시간이 걸린다. 사실은 직감으로 점프하면 건너편에 도달하기에 충분한데도 무심코 다리를 만드는 일에 열중하고 있지 않은가?

다리를 놓는 도중이라도 타이밍을 가늠해 직감으로 점프하는 편이 비즈니스에서 이길 가능성이 높아진다는 것을 기억하자.

왜 **맥킨지**는
MECE로 생각하는가?

　공부를 열심히 하는 독자 중에 앞의 내용을 읽고서 "MECE로 생각하라는 이야기인가?"라고 앞질러 생각한 사람이 있을지도 모르겠다. 이것은 반은 맞고 반은 틀리다. 일단, MECE라는 말을 처음 본 독자(혹은 본 적이 있지만 내용을 잊어버린 독자)를 위해 간단히 설명하겠다.

　MECE는 맥킨지의 사내 용어로, '미시'라고 한다. 'Mutually Exclusive and Collectively Exhaustive'의 머리글자를 연결한 것인데, 직역하자면 '상호 배타적 그리고 집합적으로 망라하는'이라는 뜻이다. 다시 말해, '중복 없이, 누락 없이' 등으로 이해하면 된다.

일반적으로 문제나 과제(맥킨지의 사내 용어로는 이슈)를 해결할 때는 몇 가지 더 작은 이슈로 나눌 필요가 있다. 이슈는 중복 없이, 누락 없이 나누어야 한다는 것이다. 이 내용은 지금은 상당히 일반화되어 논리 사고나 문제 해결 입문서에서도 이야기하는 단골 주제가 되었다.

누락되어선 안 되지만
중복은 괜찮다?

내가 여기까지 이야기해온 것은 두 가지 면에서 교과서적인 의미의 MECE와 다르다.

① 일반적인 MECE의 규칙과 다르게 중복을 허용한다.
② 일반적인 MECE의 규칙과 다르게 발상을 넓히는 일이 목적이다.

먼저 MECE는 항목 간의 중복을 인정하지 않지만, 내가 말하는 체크리스트는 중복을 인정한다(104쪽). 발상을 빠뜨리지 않는다는 목적에서 볼 때, 항목 간 중복은 플러스도 마이너스도 되지 않기 때문이다.

가령 국내 기업을 대상으로 비즈니스를 하는 어느 회사가 신규 영업 타깃을 정할 때 먼저 다음 세 가지 항목으로 나누었다고 하자.

- 도쿄 내 기업
- 연 매출 100억 엔 이상 기업
- 연 매출 100억 엔 미만 기업

이렇게 나누면 빠지지는 않지만 중복은 된다. 도쿄 내 기업에도 연 매출 100억 엔 이상인 기업, 100억 엔 미만인 기업이 포함되어 있기 때문이다. 이 방식은 분명 효율이 낮다. 간단한 체크리스트가 되려면 중복이 없는 편이 낫다.

그렇지만 이렇게 완성된 체크리스트 때문에 같은 회사에 두 번 영업하는 일은 없을 것이다. 또 만일 그렇다고 해도 리스트에서 빠지는 바람에 경쟁 상대에게 빼앗기는 것보다는 나을지 모른다.

반면에 누락되는 나누기 방식으로는 아무리 발상을 넓히려고 해도 계속해서 누락이 이어진다.

- 도쿄 내 기업
- 연 매출 100엑 엔 이상인 기업

이 두 항목을 아무리 나누어도 도쿄 이외의 연 매출 100억 엔 미만인 기업은 잠재 고객 리스트에 오르지 않는다. 그 와중에 같은 업계 회사가 그런 기업에서 대량으로 계약을 수주하면 '아뿔싸'를 맛보게 될 수도 있다.

그러므로 이기는 일, 지지 않는 일에 특화되려면 잊어버리지 않

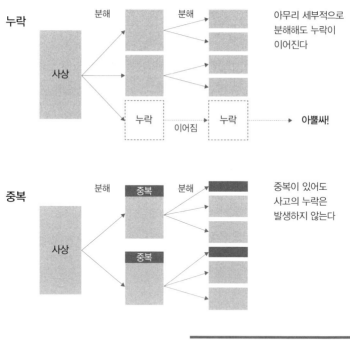

누락은 치명적이지만, 중복은 허용된다

도록 주력해야 하며, 중복은 그리 걱정할 필요가 없다.

물론 논리적으로 생각할 수 있다면 어떤 항목도 MECE로, 즉 누락이 없으면서 중복도 없이 분해할 수 있다. 중복이 나온다는 것은 어딘가 논리가 부족해서 말의 경계선이 모호하다는 증거임을 인식해야 한다.

MECE로 정리하기만 해서는 의미가 없다

'발상을 넓히는 일이 목적'이라는 것은 실천적인 의미에서 더욱 중요하다. MECE로 생각하는 이유는 문제를 나무 형태로 정연하게 분류하기 위해서가 아니다. 발상의 질을 높이려는 더 고차원적인 성과를 위해서다.

연수나 강연에서 논리나무나 MECE를 알려주고 막상 연습에 들어가면 이렇게 말하는 사람이 있다.

"아무리 시간이 지나도 예제나 모범 답안처럼 깨끗한 논리나무를 만들 수가 없습니다."

MECE로 생각하는 본래 목적을 잊어버린 전형적인 케이스다. MECE로 생각하는 목적은 논리나무를 만드는 일이 아니라, 바보의 벽을 의식하고 아이디어를 한층 쉽게 끌어내는 것이다. 따라서 나무는 불완전해도 상관없다. 좋은 체크리스트의 조건으로 최대한 구체적인 항목을 언급한 것은 그런 이유에서다(106쪽). 어느 정도까지 분해했든, 자신이 발상에서 간과한 부분을 알아차렸다면 충분하다.

또한 비즈니스는 속도 승부고 주어진 시간은 유한하다. 시간 내에 최대한 나무를 갈라져 나오게 하고 바보의 벽을 발견하도록 해야 한다. 실무에서는 논리나무를 완성하는 도중에 바보의 벽을 발견하는 경우가 많을 것이다.

배우는 일을 좋아하는 사람일수록 MECE나 논리나무의 지식에 맞추려고 애를 쓰면서 시간을 낭비한다. 어설픈 지식이 오히려 큰 피해를 부른다는 사실을 잊지 말자.

정말 **잘 생각했는지**
확실히 **평가**하는 방법

아무리 "시간이 허락하는 한 최대한 구체적인 항목을 MECE로 나누면 된다"고 해도, 나누는 방법에는 요령이 있다. 세부적으로 나누기만 하면 되는 것이 아니다.

능숙한 MECE vs.
서툰 MECE

'공원의 비둘기가 줄어든 원인'에 대해 직감적으로 다음과 같은 가설을 떠올렸다고 하자.

- 어떤 사람이 비둘기를 포획해 데려가지 않았는가?
- 치사율 높은 비둘기만의 전염병이 유행하지 않았는가?
- 어떤 인공물로 사고사하는 비둘기가 늘어나지 않았는가?

이런 가설만 보았을 때 다음 그림에 바보의 벽이 있다고 할 수 있다. 즉, 감소하는 비율이 증가했다는 전제에서만 생각한다는 사실을 알아차리지 못하는 것이다. 다시 한 번 시작점으로 되돌아가서 '공원의 비둘기가 줄어들고 있다'를 검토했을 때, 다음 두 가지로 나눌 수 있음을 깨달았다고 하자.

- 증가하는 비둘기 비율이 줄어들고 있다.
- 감소하는 비둘기 비율이 늘어나고 있다.

이렇게 나누는 방법을 깨닫는다면 '증가하는 비율이 줄어들고 있다'도 나눌 수 있다. 이것이 발상의 범위가 넓어졌다는 의미다. 즉, MECE로 나누는 방법은 바보의 벽을 발견하는 방법이기도 하다.

한편 '비둘기가 사망하는 수가 늘어나고 있다'의 원인으로 다음을 들었다.

- 죽임당하는 수가 늘어나고 있다.
- 사고사하는 수가 늘어나고 있다.

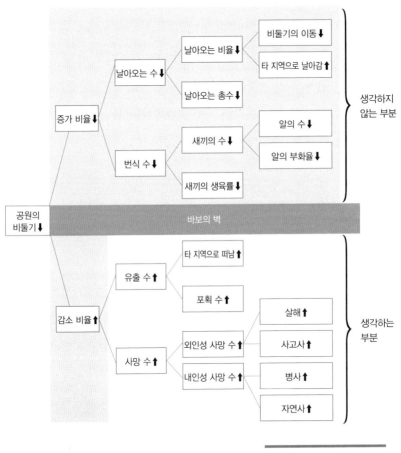

공원의 비둘기가 줄어든 원인

- 병사하는 수가 늘어나고 있다.
- 자연사하는 수가 늘어나고 있다.

이 항목도 같은 나뭇가지의 아랫부분을 나누는 과정에서 나왔지만, 바보의 벽에 둘러싸인 범위 내에서 나눈 데 지나지 않는다. 그러니 발상을 넓히는 데는 별로 도움이 되지 않는다고 할 수 있다.

의미 있는 나누기는 자신이 무엇을 생각했고, 무엇을 생각하지 않았는지 아는 것이다. 즉, "아! 이쪽을 간과했구나. 놓칠 뻔했어"라는 깨달음을 얻는지 여부에 달려 있다.

발상이 넓어졌는지 판정하는
유일한 기준

"논리나무 완성이 목적이 아니다. 사람마다 바보의 벽이 다른 부분에 있으므로 나누는 방법에 모범 답안은 없다. 자신의 벽을 볼 수 있을 때까지 시행착오를 거듭하자."

이렇게 말하면 강연을 듣는 사람들은 모두 곤란한 표정을 짓는다. "나머지는 여러분이 노력하기 나름이다. 최대한 힘을 내자!"라는 정신론으로 받아들이기 때문이다.

하지만 그런 일은 없으니 안심하기 바란다. 논리 사고에 따라 정말 발상이 넓어졌는지 명확하게 판단하는 기준이 있기 때문이다. MECE로 생각하는 데 성공했는지의 기준은 세부적으로 갈라져 나온 훌륭한 논리나무를 만들었는지가 아니다. 중요한 것은 바로 "직감만으로 발상했을 때보다 발상이 넓어졌는가?"뿐이다.

직감적으로 번뜩 떠오른 아이디어가 세 개 있고, 논리나무를 만

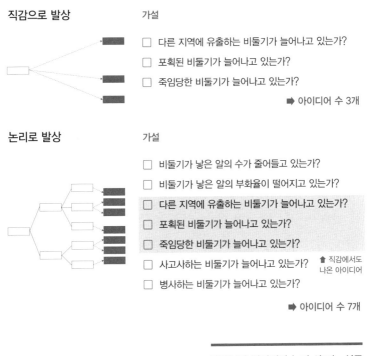

직감으로 발상

가설

☐ 다른 지역에 유출하는 비둘기가 늘어나고 있는가?

☐ 포획된 비둘기가 늘어나고 있는가?

☐ 죽임당한 비둘기가 늘어나고 있는가?

➡ 아이디어 수 3개

논리로 발상

가설

☐ 비둘기가 낳은 알의 수가 줄어들고 있는가?

☐ 비둘기가 낳은 알의 부화율이 떨어지고 있는가?

☐ 다른 지역에 유출하는 비둘기가 늘어나고 있는가?

☐ 포획된 비둘기가 늘어나고 있는가?

☐ 죽임당한 비둘기가 늘어나고 있는가?

☐ 사고사하는 비둘기가 늘어나고 있는가?   ↑ 직감에서도 나온 아이디어

☐ 병사하는 비둘기가 늘어나고 있는가?

➡ 아이디어 수 7개

직감보다 넓어지면 논리 사고는 성공

들면서 MECE로 분해해 생각한 결과 아이디어가 일곱 개 나왔다고 하자. 이때 직감보다 발상이 넓어졌다고 할 수 있다. 발상의 폭이 넓어졌다는 것은 '아뿔싸'가 일어날 가능성이 줄어들었다는 말이므로, 이 경우 논리적으로 생각했다는 의미가 있다.

직감보다 아이디어 범위가
넓어지면 성공

직원들을 대상으로 연습 문제를 낼 때는 먼저 그룹 단위로 브레인스토밍을 하게 한다. 아이디어를 낼 때는 순서대로 생각하지 않고, 멤버가 직감적으로 떠오르는 아이디어를 내도록 한다.

그다음 MECE 규칙을 의식하면서 논리나무를 만들게 한다. 팀에 따라 완성된 트리는 제각각이다. 같은 사실과 현상도 무수한 분해 방법이 있다. 중요한 점은 논리 사고의 결과 나온 아이디어가 '절대 생각해낼 수 없었던 아이디어' 수준이 아니라는 사실이다. '전에는 영 떠오르지 않았지만, 이런 아이디어도 있구나' 하는 정도로 충분하다. 그것이야말로 머릿속에 잠재한 아이디어를 더 많이 끌어내고 '아뿔싸'를 줄이는 일이기 때문이다.

"하지만 별로 특별한 아이디어가 아니잖아요?"라고 말하는 사람이 있다. 그러나 잘 생각해보기 바란다. 비즈니스에서 대부분의 패배는 특별하지 않은 아이디어를 끌어내지 못한 결과다. 그리고 대부분의 승리는 때마침 경쟁 상대가 떠올리지 못했던 사소한 아이디어를 끌어낸 결과다.

수습은
확산보다 쉽다

경쟁 상대보다 질 높은 발상을 하려고 한다면, MECE로 생각해 바보의 벽을 방지하고 폭넓게 발상해야 한다. 그러나 다음과 같은 의문을 품고 여기까지 읽어온 사람은 없는가?

'아무리 발상의 범위를 넓히고 많은 아이디어를 끌어낸다고 해도 결국에는 한 가지로 좁혀서 실행해야 하지 않나? 그때 조금 부족한 아이디어를 고를지도 모른다. 떠오른 아이디어 중에 최선의 아이디어를 판단하려면 어떻게 해야 할까?'

당연한 의문이다. 좋은 아이디어를 발상하려면 발상을 넓히는 **확산** 프로세스만이 아니라 그중에서 한 가지로 좁히는 **수습**이 필요하다. 하지만 그럼에도 확산 프로세스가 더 중요하다. 일곱 가지 아이디어가 도마 위에 올라 있다면 어떻게 수습할지 고민해야 하지만, 애당초 아이디어가 세 가지밖에 확산되지 않으면 아무리 수습을 궁리해도 선택지는 세 가지뿐이다. 그러므로 잘 수습하려면 잘 확산해야 한다.

덧붙여서 아이디어의 수습은 확산보다 쉽다. 가령 어느 전략의 아이디어가 30개까지 확산되어도 그것을 모두 실행할 수 있는 경우는 없다. 실제 비즈니스에서는 자원이 한정되어 있으니 예산이나 인원의 규모를 조정할 수 없는 아이디어는 저절로 도태된다. 시간 제약이 심할 때는 장기 전략은 고를 수 없고, 아무래도 자재를 조달하기 힘들어 단념하는 아이디어도 있을 것이다. 반면에 막대한 자원이 있다면 고르지 않고 닥치는 대로 모든 전략을 시도해도 될 것이다.

어떤 아이디어를 채택할지 평가 기준을 설정하고 아이디어 사이에 우선순위를 매길 때는 논리 사고가 필요하다. 하지만 그것을 참고로 선택할 때는 결국 직감에 의존하는 수밖에 없다. 즉, 아이디어의 확산에도 수습에도 논리 + 직감이 필요하다.

타인의 **프레임워크**를 통해
'아뿔싸'를 피한다

1강에서 우리는 '생각하다'와 '배우다'의 차이를 이런 식으로 정리했다.

- 배우다 = 기존 프레임워크에 대입해 답을 도출한다
- 생각하다 = 자신이 만든 프레임워크에서 답을 도출한다

기존 프레임워크에 들어맞는 답을 낸다는 말은 '타인이 만들어준 다리'를 건너는 것이다(다리 비유는 116쪽). 다만 이는 배우기만 하면 누구라도 건널 수 있는 다리며, 경쟁 상대와 차이를 두기가

어렵다. 배우는 데 능숙한 고학력 엘리트와 정면으로 승부하는 영역이라 대다수의 경우 그다지 현명한 선택이 아니다. 그러나 비즈니스에서는 속도가 중요하므로, 빠름을 추구하려면 타인이 만들어준 다리를 이용하지 않을 수 없다.

프레임워크가 있으면
바보의 벽을 조심할 수 있다

앞에서 살펴본 내용을 근거로 하면 기존 프레임워크의 의미가 달리 보인다. 예를 들어, 마케팅의 4P가 많은 사람에게 유용한 프레임워크인 이유는 무엇일까? 마케팅에 필요한 요소를 MECE로 나눠주는 경계선으로 신뢰할 만하기 때문이다.

가령 제조회사의 매출이 떨어졌을 때 개발부 사람이라면 '트렌드가 바뀌었다. 상품을 리뉴얼하자'(제품)는 아이디어를 떠올린다. 영업부 사람이라면 '진열 상황이 나쁘지 않은가?'(유통), 광고부 사람이라면 '상품의 지명도가 떨어지지 않았는가?'(프로모션) 하고 생각할 수도 있다. 많든 적든 사람은 자기 업무의 시점에 얽매여 문제를 보게 된다.

그러나 매출 부진 원인은 경쟁사 상품이 가격을 인하한 데 있을

지도 모른다(가격). 그럼에도 가격 전략까지 발상이 넓어지지 않았다면 결과적으로 '아뿔싸'가 일어난다. 이렇게 간과하는 부분을, 4P라는 프레임워크를 참조하면 막을 가능성이 있다. 직감적으로는 '매출 부진 원인은 상품 자체에 있을 것이다'라고 생각하더라도 일단은 그 가설을 옆으로 밀어두고, 제품Product, 가격Price, 유통Place,

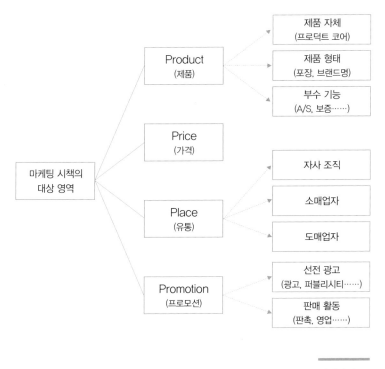

마케팅의 4P

프로모션Promotion의 네 방향에서 최대한 넓고 많은 가설을 내본다. 그렇게 하면 바보의 벽을 피할 수 있다.

대부분의 프레임워크는
불완전하다

흔히 비즈니스 이론으로 소개되는 프레임워크의 본질은 체크리스트다. 프레임(경계선)에 따라 문제나 과제를 MECE로 나누면 원인이나 해결책을 놓칠 가능성을 줄일 수 있다. 프레임워크는 틀을 채워서 사실과 현상을 정리하기 위한 것만이 아니라, 발상의 누락을 방지하고 발상을 더욱 넓히기 위한 도구기도 하다.

다만 주의해야 할 점이 두 가지 있다. 하나는 프레임워크가 절대적이지 않다는 사실이다. 사람에 따라 바보의 벽이 나타나는 방식이 다르다. 그러므로 프레임에 따라 나누는 방식이 누구에게나 도움이 된다고는 할 수 없다. 배움이 특기인 우등생일수록 무턱대고 '마케팅은 프레임에 따라 생각해야 한다'고만 믿고는 틀을 채우는 데 열을 올리기 때문에 주의해야 한다.

또 하나는 프레임워크 대부분이 사실과 현상을 최상류에서 나누는 데 불과하다는 점이다. 이미 확인한 대로 우수한 체크리스트의 조건은 최대한 구체적인 것이다. 그런 의미에서 프레임워크는 전혀 구체적이지 않다. 구체적인 아이디어까지 상당한 거리가 있고, 직감으로 점프하기에는 다리가 너무 짧다.

4P에 따라 대상을 네 가지로 나눴다고 해도 그것만을 체크리스트로 삼아 직감에 의존하면 위험하다. MECE로 더 이상 나눌 수 없을 만큼 나눈 다음, 직감에 따라 점프를 시도해야 한다. 따라서 어떤 비즈니스 프레임도 만능이 아니며, 손쉬운 도구는 없다. 오히려 확실성에서도, 구체성에서도 불완전하다. 그러므로 논리 사고 능력이 있어야 프레임워크가 제대로 기능한다는 사실을 명심하자.

발상의 재료를 늘린다

지식을 맹신하거나
배척하지 않는
강력한 전략

왜 **지식이 있는** 사람일수록 **정보**를 모으지 않는가?

얼마나 발상을 넓힐 수 있는지는 ① 머릿속 정보량(아이디어 소재), ② 정보가 조합되어 잠재적 아이디어로 가공되는 비율(가공률), ③ 잠재적 아이디어를 끌어내는 비율(발상률)로 정해지며, ③의 발상률을 높이고 발상의 누락을 방지하는 것이 대부분의 경우 도움이 된다는 사실을 앞에서 살펴보았다.

물론 ① 정보량이나 ② 가공률의 개선도 발상을 넓히기 위해 빠뜨릴 수 없다. 발상률이 높아도 애당초 끌어내야 할 잠재적 아이디어가 적으면 당연히 표면화할 아이디어도 한정되기 때문이다. 그러므로 먼저 ①의 정보량(아이디어 소재)을 어떻게 늘릴지 알아보자.

지식은 총량보다
다양성이 중요하다

머릿속 정보량은 창조적인 아이디어의 소재가 되는 모든 것을 말한다. 그러나 아무리 지식이 많아도 그것을 끌어내는 능력(발상률)이 없으면 의미가 없다. 앞에서 배움과 생각을 엄격하게 구별하고, 앞으로는 사고력이 있는 인재에게 유리한 시대가 찾아온다고 설명했다.

그러나 발상을 넓히는 데 지식이 많은 것은 큰 도움이 된다. '정보=아이디어 소재'를 머릿속에 넣는 방법은 두 가지가 있다.

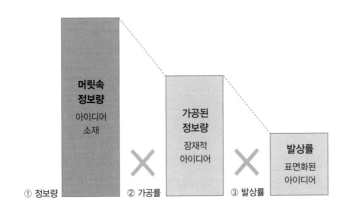

머릿속의 정보를 어떻게 늘릴 것인가?

① 머릿속 정보는 절대량을 늘리기보다 폭(다양성)을 넓혀야 한다.
② 머릿속 정보를 지식으로 끝내지 말고 깊이를 더해 지혜로 바꾸어야 한다.

②는 가공률을 어떻게 높이는지에 관한 이야기이므로 150쪽 이후에 다시 다룰 것이다.

머릿속에 있는 정보의 절대량을 늘린다기보다 폭을 넓힌다는 이야기는 조금 이해하기 어려울지도 모른다. 폭을 넓히면 당연히 절대량도 늘어나기 때문이다. 다시 말해, 절대량을 늘리더라도 어느 한쪽으로 치우치지 않도록 하는 편이 좋다(＝다양성을 늘리는 편이 좋다).

나쓰메 소세키는
왜 윈도쇼핑을 중시했을까?

나쓰메 소세키夏目漱石에게 지방 출신 학생이 찾아왔을 때의 일이다. 학생이 "저는 소설가가 되고 싶습니다"라고 말하자, 소세키는 이런 질문을 던졌다고 한다.

"자네는 윈도쇼핑을 좋아하는가?"

젊은이는 매우 성실한 학생이어서, "윈도쇼핑을 할 시간이 있다면 서재에서 책을 읽습니다"라고 대답해 문학에 대한 열정을 어필했다. 그러나 이 말을 들은 소세키는 "자네는 소설가에 맞지 않으니 관두게"라고 타일렀다고 한다.

다양한 해석의 여지가 있겠지만, 소세키가 말한 윈도쇼핑은 지식의 폭을 넓히는 일이라고 생각한다. 머릿속 정보량을 늘리려고 할 때 어떻게 하는가? 서점에 가서 책을 사는 사람, 인터넷을 검색하는 사람, 세미나에 참가하는 사람 등 다양하겠지만, 여기에도 바보의 벽이 파고들어 있다. 책을 고르거나 세미나를 가는 데도 어떤 전제가 작용한다는 말이다. 그렇지 않다면 "이 정보는 내게 도움이 될 것이다. 배워두자"라고 판단할 수 없을 것이기 때문이다.

이렇게 공부하는 것이 나쁘다는 말은 아니다. 그러나 이런 식의 정보 수집은 자신의 경험, 지식, 상식의 틀에서 행해진다. 즉, 정보의 총량은 늘어나도 폭이 넓어지지 않는다.

반면에 윈도쇼핑은 목적 없는 정보 수집(정확하게는 수집이라고 말할 수 없지만)이라고 볼 수 있다. 멍하니 이리저리 둘러보고 어슬렁거리며 정보가 저쪽에서 마음대로 날아오기를 기다린다는 점에서 수동적이다. 이것을 **정보 유입**이라고 한다.

소설가처럼 높은 창조성이 요구되는 일을 하려면 아이디어 소재에 다양성(폭)이 필요하다. "윈도쇼핑을 좋아하는가?"라고 질문한 소세키는 학생에게 정보 유입 습관이 있는지 알고 싶었던 것 아닐까?

철저하게 수동적인 사람일수록
지식의 폭이 넓어진다

다양한 지식을 접하려면 아무래도 정보 유입이 필요하다. 하지만 능동적으로 정보를 수집하는 것이 아니라 완전히 수동적인 상황을 만들기란 의외로 어렵다. 가령 마케터가 이런 말을 하는 모습을 본 적 없는가?

"나는 전철을 탈 때 오모테산도表参道. 도쿄의 유명한 패션 거리 – 옮긴이 같은 곳에 내려서 무작정 거리를 걷기도 합니다. 그러면 최근의 소비 트렌드나 마케팅에 관해 많은 힌트를 발견할 수 있어요."

그러나 이것을 정보 유입이라고 부르기는 모호하다. 그가 오모테산도 역에서 내려 거리를 걸으려 했던 배경에는 어떤 전제가 있기 때문이다. 즉, 그 사람은 미리 알고 싶다고 생각한 현실만을 접하고 있을 가능성이 높다.

정말로 수동적인 상태를 만들려면 일본 코미디언이자 사회자인 도코로 조지所ジョージ의 프로그램 〈일본 열도 다트 여행〉처럼, 행선

지 자체를 임의로 결정할 필요가 있다. 그런 의미에서 서점에서 마침 발견한 책도 아이디어 소재의 다양성을 넓히는 데 도움이 되는지 의문스럽다. 본인은 아무리 우연하다고 느꼈어도, 그 책을 읽고 싶다고 느낀 데는 반드시 이유가 있기 마련이다. 서점을 걷다가 책 선반에서 툭 떨어진 책에 머리를 맞아서 그 책을 읽기로 했다면 모르지만 말이다.

정보 유입을 위해
넓은 **데이터의 바다**를
헤엄쳐 다니자

정보 유입을 실현하기로 마음먹었다면 의도적으로 강제력을 발생시키는 구조가 필요하다. 그러기 위해 어떤 수단을 생각할 수 있을까?

기타노 영화에 살아 있는
인수분해의 정보 유입

강제적인 정보 유입 방식 중 하나가 학교의 의무교육이다.

학생들이 어떤 일에 흥미가 있는지, 특기가 무엇인지 일절 고려하지 않은 채 강제로 지식을 부여하기 때문이다. 다양한 정보를 한쪽에 치우치지 않게 받아들일 수 있다는 점에서는 학교교육에도 의미가 있을지 모른다.

교육론을 주제로 한 텔레비전 프로그램을 보고 있는데, 중학생 하나가 등장해서 이런 질문을 했다.

"지금 중학생인데 학교에서 인수분해를 배우고 있어요. 이런 건 아무 쓸모도 없지 않나요? 왜 인수분해 같은 걸 공부해야 하죠?"

어른들은 어떻게 대답해야 할지 몰라 쩔쩔매고 있었다. 그러던 중 "잠깐만. 나한테는 도움이 되었어"라고 단언한 사람이 있었다. 바로 영화감독 기타노 다케시였다. 그 무렵 그가 찍고 있던 신작 영화에는 많은 사람을 총으로 쏘아 죽이는 장면이 있었는데, 이를 촬영할 때 인수분해 지식이 도움되었다는 것이다.

가령 여섯 명을 쏘아 죽이는 장면이라면, 첫 번째 사람은 사격 자세를 취하는 부분부터 상대가 총알을 맞는 부분까지 촬영하고, 마지막에 총구에서 연기가 올라오는 컷을 넣는다. 그러면 남은 다섯 명은 총구에서 연기가 올라오는 컷을 넣기만 해도 여섯 명을 쏘아 죽인 것으로 표현할 수 있다. 말하자면 여섯 명을 총으로 죽이는 현상을 '총구에서 나오는 연기'라는 인수로 한데 묶는 것과 같다. 기타노는 이런 발상을 할 수 있었던 이유가 중학교 시절에 인수분해를 공부했기 때문이라고 했다. 스튜디오 안 사람들은 그 설명을 듣고 놀랐고, 질문한 중학생까지 모두 입을 다물었다.

같은 내용을 배워도 이렇게까지 지혜의 깊이를 더하는 것은 별개의 문제겠지만, 역시 어떤 지식이 어디에 도움될지는 알 수 없다. 그런 의미에서 학교 교실처럼 흥미 없는 정보가 강제로 들어오는 환경을 구축하는 것이 의외로 중요하다.

웹 공간은
지식의 다양성을 빼앗는다

한편 현대는 더더욱 정보가 유입되기 어려운 세상이 되어가고 있다. 특히 인터넷 세계에서는 소셜미디어나 추천 기능이 발달하면서 개인에게 흘러오는 정보가 점점 편중된다.

아마존을 열면 과거 구매 이력, 열람 이력에 기초해 상품을 권장하며, 스마트폰 등의 뉴스 애플리케이션에서도 개인의 열람 경향에 따라 뉴스가 표시된다. 트위터 같은 소셜미디어 정보도 개인이 팔로우한 계정을 경유해 전해질 뿐이다. 개인의 관심사에 맞춘 기능의 편리성을 부정하는 것은 아니지만, 여기에 지나치게 의존하면 지식의 폭과 다양성을 잃게 된다. 지식의 넓이에도 바보의 벽이 생겨서 자신이 그 범위를 모른다는 사실조차 알아차리지 못하게 된다.

지식과 잠재적 아이디어가 없는 영역에서 패배한 경우에는 '아뿔싸'조차 느끼지 못한다. 그렇게 되면 '완패'하게 되며, 이 부분은 사고력으로도 어찌할 수가 없다. 이런 일을 방지하기 위해 정보를 유입하는 몇 가지 아이디어를 소개하고자 한다.

독서

'○○이 고른 교양서 20선'과 같은 기사나 리스트를 참고해 소개된 항목을 모조리 읽어보는 방법이 있다. 이때 이것저것 가리지 말고(그다지 손이 가지 않는 책까지 포함해) 타인이 골라놓은 책을 전부 읽어야 한다. 친구에게 추천받은 책을 읽는 방법도 자신의 선택을 넣지 않기 위한 수단으로 효과적이다.

뉴스

종이 신문은 정보가 유입된다는 관점에서 훌륭한 미디어다. 흥미가 없는 뉴스를 포함해 다양한 기사가 게재되기 때문이다. 기사를 고르지 않고 처음부터 끝까지 전부 훑어본다.

그렇다고 매일 아침 샅샅이 훑어볼 시간은 없을 테니, '1~3면 기사는 전부 훑어본다'는 식으로 규칙을 만들면 된다. 이렇게만 해도 자신이 읽으려고 생각하지 않은 기사가 머릿속에 들어오는 환경을 만들 수 있다.

텔레비전

채널을 바꾸지 않고 켜둔다. 채널 변경은 선택이기 때문에, 이것을 피하려면 같은 채널을 켜두는 것이 좋다. 불쑥 들어간 식당에 평소 보지 않는 프로그램이 켜져 있을 때 멍하니 바라보는 상황과 비슷하다.

정보 유입은 하이리스크, 하이리턴의 투자

정보 유입의 목적을 한마디로 말하면, 지식을 경험하지도 않고 싫어하는 일을 막기 위한 것이다. 정보 유입에서 자발적인 요소를 없애는 가장 빠른 길은 '1~3면 기사 전부 읽기'처럼 규칙으로 속박하는 일이다. 요령은 '건너뛰지 않는 것'이다.

텔레비전 채널이든 책이든 도중에 하차하는 역이든, 일상에서는 여러 가지를 건너뛴다. 이것도 일종의 바보의 벽이다. 무심코 간과하는 정보를 머릿속에 받아들일 수 있는 습관을 만들면 아이디어 소재가 훨씬 넓어진다.

다만 이런 정보 유입에 단기적인 효과를 기대해서는 안 된다. 지금 당장 자신의 아이디어 질을 높이고 싶다면, 역시 발상률을 끌어 올리는 일에 집중하는 편이 낫다. 아이디어 소재의 폭을 넓힌다고 해도 지금 당장 성과로 이어진다고는 말할 수 없기 때문이다.

정보 유입은 일종의 하이리스크, 하이리턴의 투자다. 다양한 정보가 때마침 도움되었다는 성공 스토리에만 시선이 쏠리겠지만, 대부분의 정보가 헛된 지식에 지나지 않을 수도 있다. 그렇기에 정보 유입은 지금 당장 답을 내야 하는 단기적인 문제 해결에는 맞지 않는다. 장기적인 이점을 기대하면서 일상적인 습관으로 만드는 것이 합리적이다.

참고로 통상적 의미의 정보 수집에 흥미가 있는 사람은 7강에 별도로 정리한 내용을 참조하자.

단순한 지식을
아이디어 **씨앗**으로 삼아
깊이를 더한다

앞에서(66쪽) '잊다'에는 두 가지 의미가 있다고 했다. 하나는 머릿속에 지식이나 아이디어 자체가 없는 상황, 다른 하나는 머릿속에 지식이나 아이디어가 있지만 제대로 끌어낼 수 없는 상황이다.

머리에서 끌어내는 데도
두 가지 의미가 있다

발상하는 일(=머릿속에 잠재된 아이디어를 끌어내는 일)은 생각해내는 일이다. 그러나 이것도 결코 개인의 독창적인 사고방식이 아니다. 사실 플라톤부터 스기야마 고타로, 모기 겐이치로茂木健一郞, 일본의 저명한 뇌과학자─옮긴이에 이르기까지 많은 사람이 똑같은 말을 한다. 따라서 '생각해낸다'에도 두 가지 의미가 있다.

하나는 머릿속 정보(아이디어 소재)를 그대로 끌어내는 일이다. 가령 학교 시험에서 "다이카 개신이 일어난 때는?"이라는 문제가 나왔을 때 "645년"이라는 지식을 끌어내는 상기법이다. 거리에서 우연히 재회한 친구의 이름이나 암기했던 전화번호를 생각해내는 일도 여기에 속한다. 전 항목에서 다룬 아이디어 소재를 그대로 끌어내는 행위다. 고학력 엘리트는 이런 유의 '생각해내기'에 뛰어난 사람이 많다. 말하자면 암기력이 뛰어난 것이다.

발상이란
'가공한 지식 = 아이디어'의 표면화

한편 머릿속에 들어간 소재를 가공한 다음 끌어내는 일도 '생각해낸다'고 할 수 있다. 아이디어의 발상을 문제 삼는 경우, 생각해내는 일은 더욱 중요하다.

지식과 정보가 잠재적 아이디어 형태로 가공되는 비율을 가공

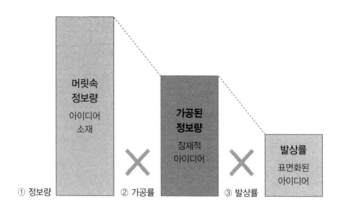

머릿속 정보량 아이디어 소재	**가공된 정보량** 잠재적 아이디어	**발상률** 표면화된 아이디어
① 정보량	② 가공률	③ 발상률

받아들인 정보를 얼마나 아이디어로 바꿀 수 있는가?

률이라고 불렀는데, 여기에서는 가공률을 높이는 방법을 생각해보
자. 입력된 정보를 그대로 끌어내는 것은 배우는 데 능숙한 사람이
이제까지 해온 일이다. 그렇다면 지식에 깊이를 더해 지혜로 바꾸
고 아이디어 형태로 가공하려면 무엇이 필요할까?

지식과 지식을 연결하는 방법은 컨트롤할 수 없다

머릿속에는 다양한 정보가 있는데, 그것이 제대로 연결되

거나 연결되지 않는 까닭은 무엇일까? 이는 궁극적으로 뇌의 기제에 관한 일이며, 과학으로는 아직 원리가 밝혀지지 않은 부분이다.

예를 들어 1973년 피셔 블랙Fischer Black과 마이런 숄즈Myron Scholes가 발표해 나중에 노벨경제학상 수상으로 이어진 블랙숄즈 방정식을 보자. 금융 파생 상품의 옵션 가격을 산정하는 이 평가 모델은 물리학의 브라운운동미립자가 랜덤으로 운동하는 현상과 조합해 탄생했다고 한다.

이런 지식 조합이 어떻게 일어났든, 분명한 것은 여기에도 바보의 벽이 있다는 점이다. 많은 사람이 인수분해라는 지식이 있어도 수학 영역에서만 사용한다고 생각해, 이외 영역의 지식과 조합하지 않는다.

하쿠호도에 있던 시절, 새로운 제품의 네이밍을 생각할 때 카드와 박스를 준비했다. 네이밍은 대부분 두 가지 이상의 정보가 조합되지만, 멤버가 수평적 시선에서 브레인스토밍을 한들 그 조합에는 반드시 바보의 벽이 개입한다. 그래서 적당한 단어를 기입한 카드를 박스에서 두 장씩 무작위로 꺼내는 과정을 반복해 조합의 수를 늘렸다. 물론 카드에 쓰는 말에 바보의 벽이 성립될 가능성도 있지만, 평범한 사람에게는 꽤 유효한 방법이다.

처음 배울 때의
'왜'가 지혜의 열쇠

지식의 조합은 우리가 직접 손써 늘리기 어렵다. 다만 지식의 연결을 좀 더 쉽게 하는 방법은 있다.

지혜로운 사람은
배울 때 궁리한다

지식은 일단 배우면 고정되어 다른 지식과 연결하기 어려워진다. 따라서 그 지식을 처음 배울 때가 기회다. "목구멍만 넘어가면 뜨거움을 잊는다"라는 말도 있지만, 학습 과정에서 가장 스트레스가 쌓이는 것은 처음 배울 때다. 그렇기에 그 지식을 그대로 받아들이도록 교육받았다. 그러나 "이것은 그런 것이다"라고 그대로 받아들여 배운 지식은 다른 지식과 이어지지 않는다.

그럼 어떻게 해야 할까? 처음 배울 때, 그 지식이 성립된 과정까지 포함해 배우는 것이다. 피타고라스의 정리를 배울 때, 도형을 보면서 공식만 외우지 말고 "어째서 이 공식이 성립했는가?"까지 포함해 이해한다. 성립 과정이나 이유까지 포함해 이해한 지식을 지혜라고 한다.

지혜로 바뀐 지식은 다른 지식보다 연결하기 쉽다. 화학 구조식의 결합수에 해당하는 것이 늘어나서 다른 분자나 원자와 결합하기 쉬워지는 것을 떠올리면 된다. 지식의 조합이 많은 사람은 각각의 지식을 지혜로 바꾸어 머릿속에 넣어두므로 다른 지식과 더 쉽게 반응한다.

지혜가 없는 사람일수록
지혜를 지닐 기회가 많다

새로운 사실과 현상, 지식에 직면했을 때는 '왜'가 빠질 수 없다. 이때 가장 중요한 것은 최초의 '왜'다. 이를 생각하기 시작하면 연달아 '왜'를 생각할 가능성이 높아지기 때문이다.

비즈니스의 프레임워크를 배울 때도 마찬가지다. 4P 같은 프레임워크가 유효한 것은 일정 대상을 MECE로 분해하는 체크리스트 역할을 하기 때문이다. 그러나 이 체크리스트는 다른 사람이 생각한 것이다. 얼마 전 수강자와 이런 대화를 나눈 적이 있다.

나   가령 4P라는 프레임워크가 있습니다.

수강자   하지만 최근에는 4P가 아니라 포장Packaging도 포함해 5P 아닌가요.

나   그렇습니까? 그럼 왜 P가 늘어났나요?

수강자   ……모르겠습니다.

이것이 '왜'를 빠뜨린 지적 태도의 전형이다. 물론 4P가 절대로 옳다고 말하는 것이 아니다. 이미 말한 대로(134쪽) 비즈니스 프레임워크는 절대적이지 않으므로 더 좋은 방식이 있다면 그것을 채택해야 한다.

그러나 그 방식을 받아들인다고 해도 '왜'를 생각해야 한다. 그렇지 않으면 한번 배운 것을 끝으로 그 지식을 그대로 받아들이기 때문이다. 그러므로 '처음 배울 때가 지식을 지혜로 바꾸는 유일무

이한 기회'라고 생각해야 한다.

논리 사고로
4P의 성립을 생각한다

그러면 마케팅의 4P에 대해 '왜'를 설정하면 어떻게 될까?

먼저 마케팅 목적은 고객을 상대로 비용 대비 효과를 높이는 일이라고 할 수 있다. 이를 최대화하려면 두 가지 방법이 있다. 바로 가치를 높이거나, 비용을 내리는 것이다. 가치에는 기능적 가치와 정서적 가치가 있다. 비용에도 금전 비용(물건, 돈)과 노동비용(사람)이 있다. 이렇게 이해하면 각각 4P에 대응하는 것이 보인다(다음 페이지 그림 참조). 따라서 마케팅의 4P는 MECE에 맞는 나누기 방법이라고 할 수 있다.

이렇게 성립 과정부터 이해하면 각 항목을 나누는 과정에서 포장이 포함된다. 그러므로 일부러 포장을 넣은 5P는 필요하지 않다.

비즈니스의 프레임워크를 배울 때는 반드시 '왜'를 생각해보자. 이 단계가 있으면 프레임의 각 항목에 대한 이해가 깊어지고, 나누어갈 때 도움이 된다. '왜'라고 묻는 것이 지나치게 막연하다고 느낄 때는 다른 의문사와 조합해보면 실마리를 찾기 쉽다.

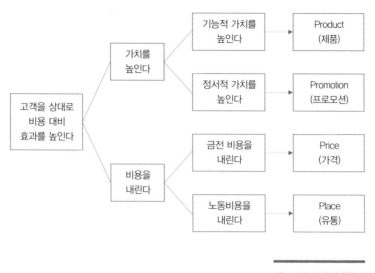

왜 4P인지 생각해본다

- 왜 그때인가?

- 왜 그 사람인가?

- 왜 그 장소인가?

- 왜 그렇게 하는가?

한번 배운 지식에 대해 다시 한 번 '왜'를 묻고 싶다면, 그 지식을 타인에게 가르쳐보자. 이미 '왜?'라고 묻는 일은 타인의 시점에 선다는 의미다. 한번 삼키면 그 지식은 자기 자신이 된다. 그렇기에 타인에게 설명하면서 다시 한 번 지식의 성립 과정을 검토하고 고칠 기회를 얻는 것이 합리적이다.

발상의 질을
높인다

어설픈 지식으로

실패하지 않기 위해

논리나무에는
세 가지 형태가
있다

이 장에서는 두 가지를 실천적 시점에서 더 깊이 살펴보겠다.

① 트리를 만들 때의 구체적 순서

발상의 질을 높이려면 사실과 현상을 명확한 말(경계선)을 써서 MECE로 분해하고 발상을 넓혀야 한다. 사실과 현상을 MECE로 나누는 데는 어떤 형태가 있고, 어떤 수순으로 진행해야 할까?

② 말의 힘을 높이는 구체적 방법

논리 사고란 말을 명확히 해 본질을 생각하는 일이다. 논리 사고력이란 말의 힘(어휘력)이다. 말의 힘은 어떻게 갈고닦을까?

사실과 현상을 MECE로 나누는
세 가지 트리

먼저 사실을 MECE로 나누는 방법을 정리해두자. 여기에서는 트리의 대표적인 세 가지 형태를 소개한다. 트리는 어디까지나 바보의 벽을 발견하기 위한 도구에 불과함을 잊지 말자.

트리에는 크게 세 가지 종류가 있는데 목적에 따라 쓸 수 있다.

① **WHY형 트리**　　문제를 분해하고 원인을 찾는다.

② **HOW형 트리**　　과제를 분해하고 해결책을 찾는다.

③ **WHAT형 트리**　　집합을 분해하고 요소를 밝혀낸다.

원인, 해결책, 요소로 나눈다

① WHY형 트리는 문제를 분해하고 그 원인을 찾을 때 사용한다. 문제의 원인을 MECE로 나누고 가로 방향으로 인과관계

를 전개한다.

　가령 A철도로부터 '승객이 줄어든 원인'을 분석하고 싶다는 의뢰를 받았다고 하자. 이 경우 트리 2열은 '연선 전차에 타는 총인원이 줄어들었다'와 '연선 내에서의 점유율이 줄어들었다'로 나뉘고, 3열 이후도 가로 방향으로 인과관계가 이어진다.

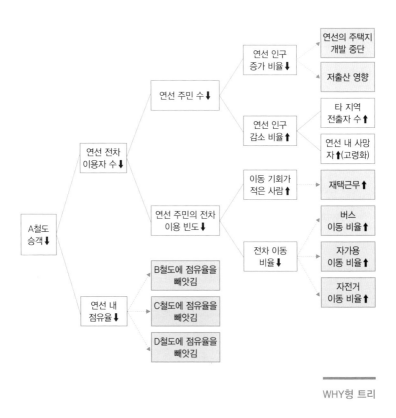

WHY형 트리

② HOW형 트리는 과제를 분해하고 그 해결책을 찾을 때 도움이 된다. 과제에 대한 각 해결책을 MECE로 나누고, 가로 방향으로는 '어떻게?'라는 수단을 전개한다.

이를테면, 라면 가게를 경영하는데 맛있는 라면을 만드는 일이 과제라고 하자. 그러면 트리 2열은 '라면 자체를 개선한다'와 '라면

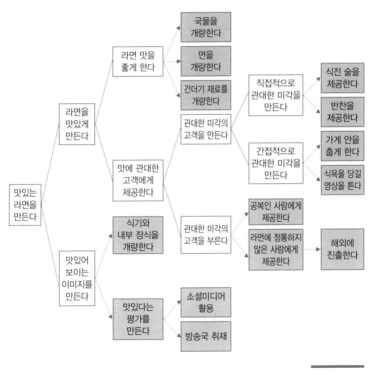

HOW형 트리

이외를 개선한다'는 항목으로 나눌 수 있다. 3열 이후도 마찬가지로 '어떻게?'의 관계로 연결한다.

③ WHAT형 트리는 '그 밖의 트리'라고 해도 된다. 이 트리는 어

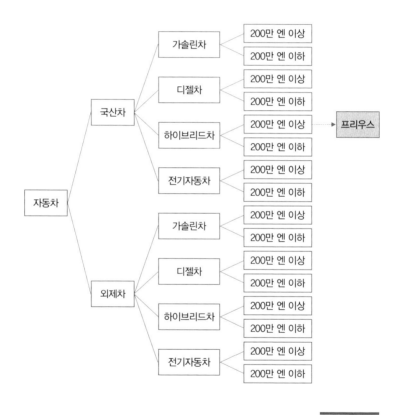

WHAT형 트리

떤 요소가 포함되어 있는지 밝혀낼 때 사용한다.

가령 신차 개발팀에 배속된 멤버들이 어떤 자동차가 있는지를 가격과 배기량 등에 따라 MECE로 나눌 때 이 트리를 사용한다.

MECE로 생각할 때의
구체적 단계:
직감 → 상류 → 하류

그러면 발상을 잊지 않게 하는 체크리스트를 만들어 발상을 넓히기 위한 순서를 살펴보자. MECE로 생각하고 싶을 때는 다음 세 단계를 밟으면 된다.

단계① 우선 직감으로 아이디어를 낸다.

단계② 커다란 덩어리에서 MECE로 나눈다.

단계③ 하류에서도 생각해본다.

단계 ①
우선 직감으로 아이디어를 낸다

대부분의 사람이 넓게 생각하려고 마음먹어도 사실 임기응변으로 떠오르는 좁은 아이디어밖에 내지 못한다. 따라서 논리적으로 생각해 발상을 넓히는 일이야말로 아이디어의 질을 높이는 가장 빠른 지름길이다.

그렇다고 해도 생각한다는 것은 매우 시간이 걸리는 일이며, 결코 효율적인 행위가 아니다. 때에 따라서는 첫 실마리를 찾지 못한 채 끙끙거리는 동안 시간이 흘러가 버리기도 한다. 그렇다면 0보다는 역시 1을 우선해야 한다. 우선은 직감이든 영감이든 착상이든 무엇이라도 좋으니 머릿속에 떠오르는 것을 자꾸 끌어내자.

아이디어를 표면화하려면 써야 한다고 했듯이, 일단 떠오르는 착상을 종이에 나타내본다. 이때 발상을 까다롭게 평가하지 말아야 한다. 무엇이든 좋으니 구체적인 아이디어를 써본다. MECE로 나눈다는 생각에 사로잡혀서 팔짱을 낀 채 한 발도 나아가지 못하는 것보다는 낫다.

실제로 수강생들에게 연습 문제를 풀게 할 때 "처음에는 직감이어도 좋으니 써보세요"라고 말한다. 아무리 강의로 논리 사고의 본질을 설명했어도 갑자기 실행에 옮길 수 있는 사람은 거의 없다. 오히려 MECE로 생각하려 한 나머지 사고의 누락이 많아지는 현상이 일어나기도 한다.

예를 들어 어떤 주제를 MECE로 분해하는 경우(오른쪽 그림), 본래 세 가지 항목(A~C)으로 나눌 수 있는데 두 가지(A와 B)로만 나누게 되었다고 하자. 게다가 A 이하도 충분히 나누지 못하고 시간이 다 되었다.

이것은 그림 상단의 '분해 예'와 비교했을 때 25%(16분의 4)까지밖에 발상이 넓어지지 않은 상태다. 발상을 넓히기 위해 논리 사고를 했는데 겨우 이것밖에 아이디어를 내지 못한다면 의미가 없다. 만약 같은 사람이 논리 사고에 의존하지 않고 직감만으로 여덟 개의 아이디어를 발상할 수 있었다고 한다면 어떨까?(발상률 50%=16분의 8)

논리 사고의 성공 여부를 판단하는 기준은 '직감만으로 발상했을 때보다 아이디어 폭이 넓어졌는지' 보면 된다(127쪽). 그렇다면 이 논리 사고는 실패한 셈이다.

'일단은 직감, 그다음에 논리'라는 것은 이런 경우를 피하기 위한 보험이기도 하다. 직감으로 아이디어를 내면 플러스가 되는 일은 있어도 마이너스가 되는 법은 없다. 시간이 제약된 상태에서 싸워야 하는 비즈니스라면 최선보다 차선을 노리는 태도는 필수다. 일단 직감으로 머릿속에 떠오른 것을 무조건 많이 쓰도록 하자.

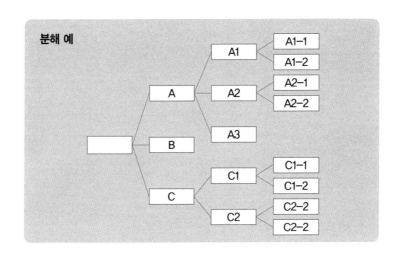

분해 예

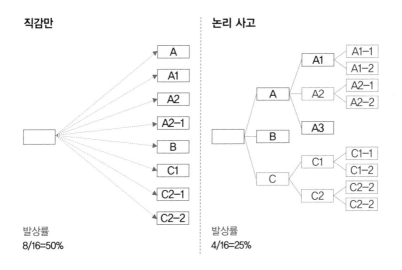

직감만

발상률
8/16=50%

논리 사고

발상률
4/16=25%

직감보다 발상이 좁아지는 경우

커다란 덩어리에서 MECE로 나눈다

그다음 논리 사고를 실천해 MECE로 나눈다. 직감으로 낸 아이디어는 우선 옆으로 밀어놓자. MECE로 나눌 때 주의할 점은 두 가지다.

- 커다란 덩어리부터 순서대로 나눈다.
- 명확한 경계선으로 나눈다.

먼저 더 커다란 덩어리, 즉 과제든 문제든 사실과 현상이든 상류(가능하면 최상류)에서 나누는 기준을 찾는 일이다. 기준을 발견했다면 나머지는 위에서 아래로 나눈다. 지나치게 작은 덩어리에 초점을 맞추면 그만큼 누락 범위가 커질 수도 있다. 대개 '아뿔싸'는 더 상류에서 나누기를 간과해 넓은 범위를 한꺼번에 누락할 때 일어난다.

또한 나눌 때는 경계선을 확실히 하자. 가령 자동차를 가격이라는 기준으로 나눈다고 하면 200만 엔이라는 경계선을 통해 MECE로 나눌 수 있으며, 차체 형태 등으로도 명확히 나눌 수 있다.

이렇게 먼저 기준을 생각하는 일이 누락 없이 분해하는 요령이지만, 이런 이야기를 하면 "그럼 기준 자체는 어떻게 발상하면 되나요?"라는 질문을 받는다. 이론상으로는 기준도 논리적으로 생각하게 된다. 하지만 그러면 한없이 거슬러 올라갈 수도 있고, 무엇보다 시간이 아깝다. 이에 대한 답은 간단하다. 기준이나 경계선도 먼저 직감으로 내면 된다.

참고로 나누는 방식이 정말로 MECE로 되어 있는지 확인하기 위한 방법은 177쪽 이후에 정리해두었으니 참고하기 바란다.

단계③
하류에서도 생각해본다

트리 상류에서 나눌 수 있는 기준이 쉽게 발견되지 않을 때는 좀 더 하류 덩어리에서 검토한다. 이때 단계①에서 직감으로 낸 아이디어가 도움이 된다. 직감으로 나온 아이디어는 좀 더 구체적인 내용이 많아서, 트리 말단(최하류) 가까이에 위치하는 것이 대부분이다. 상류에서 나누는 기준이 발견되지 않는다고 해도 하위의 작은 덩어리에서는 MECE로 나눌 가능성이 있다.

이것을 토대로 상류의 기준을 찾아가는 '하류에서 상류로 가는 접근법'이 단계③이다. 다만 여기에서도 상류로 거슬러 올라간다는 것을 의식하기 바란다. 직감으로 떠올린 구체적인 아이디어에서 더 하류로 내려가봤자 발상이 쉽게 넓어지지 않기 때문이다. 그런 아이디어를 포함하는 좀 더 상위 기준을 발견하고 그곳에서 분해를 반복해 발상을 넓혀간다.

예를 들어 어느 상품의 매출 부진 원인을 찾고 있다고 하자. 광고부가 모여서 직감으로 브레인스토밍을 했더니 '텔레비전 광고에

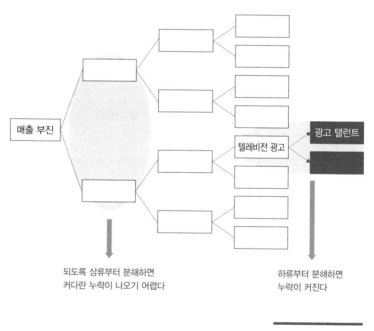

매출 부진

텔레비전 광고

광고 탤런트

되도록 상류부터 분해하면
커다란 누락이 나오기 어렵다

하류부터 분해하면
누락이 커진다

되도록 상류부터 분해

출연하는 탤런트에 원인이 있다'는 가설이 나왔다. 여기서부터 생각하면 '텔레비전 광고에 원인이 있다'부터 시작해 '텔레비전 광고 시나리오에 원인이 있다' 혹은 '텔레비전 광고를 내보내는 시간대에 원인이 있다' 하는 아이디어도 떠올릴 수 있다. 혹은 다른 프로모션 전략에 대해서도 문제의식을 가질 가능성이 있다.

이렇게 사고에는 바보의 벽이 성립된다. 이 예시에서 광고부는 '프로모션 전략에 원인이 있다'는 전제만을 토대로 발상하게 된다. 하지만 어쩌면 매출 부진 원인이 상품 자체나 가격에 있을 수도 있다.

가령 이때 매출 부진 원인을 마케팅의 4P에 따라 '제품에 원인이 있다', '가격에 원인이 있다', '프로모션에 원인이 있다', '유통에 원인이 있다'는 최상류에서부터 나눈다면 누락은 일어나기 어렵다.

이상 세 가지 단계를 소개했는데 단계②나 ③을 시도해도 트리를 만들 수 없다면, 그 문제는 논리 사고 접근을 포기하는 편이 낫다. 그래도 단계①에서 대강의 아이디어를 냈으므로 결과가 마이너스가 되는 일은 피할 수 있다.

위험한 것은 논리 사고만 믿고 처음부터 MECE로 나누는 일이다. 본디 논리 사고 능력이 높은 사람이라면 모르겠지만, 일반적인 사람이 갑자기 시도하면 오히려 발상이 넓어지지 못할 수 있다

(171쪽 그림 참조). 어설픈 지식으로 실패한 전형적인 사례다.

그러므로 논리 사고는 어디까지나 직감을 보조하는 것으로 보아야 한다.

MECE인지 아닌지
검증하는
계산 접근법

MECE로 분해한다고 해도 좀처럼 확신할 수 없는 경우도 많다. 그럴 때 다음과 같은 계산 접근법을 참고로 할 수 있다.

- 덧셈 접근법
- 뺄셈 접근법
- 곱셈 접근법
- 나눗셈 접근법

이 접근법이 만능이라고 할 수는 없지만 힌트로 사용하기 바란다. 더구나 덧셈 접근법에는 나누기 축이 확실한 경우가 많지만, 나머지 세 가지는 축을 나타내는 확실한 말이 발견되지 않는 경우가 많다.

'무엇과 무엇의 합인가?'를
생각하는 덧셈 접근법

덧셈 접근법은 A=B+C인 덩어리 A를 B와 C로 분해하는 방법으로, 간단하고 알기 쉬운 것이 많다. 예를 들어 상품 X, Y, Z를 가진 기업에서 연간 매출이 줄어들었을 때 그 원인을 찾기 위해 WHY형 트리를 만들었다고 하자. 이때 연간 매출이 '어떤 덧셈으로 구성되어 있는가'를 생각해보자.

연간 매출 {
= 상반기 매출+하반기 매출

= 국내 시장 연간 매출+국외 시장 연간 매출

= 상품X 연간 매출+상품Y 연간 매출+상품Z
　　　연간 매출

물론 나누는 데는 다른 방법도 있고, 나누는 방법 중 무엇이 가장 발상을 넓히는 데 기여하는지 일률적으로 말할 수 없지만, 이것을 보면 '연간 매출이 줄었다'의 원인을 '상반기 매출이 줄었다'와 '하반기 매출이 줄었다'는 MECE로 나눌 수 있다.

덧셈 접근법은 쓰기에 매우 편리하지만 누락되기 쉽다는 결점이 있다. 가령 같은 예시에서 '상품X와 상품Y의 연간 매출'로 나누어 무심코 '상품Z'의 존재를 잊어버릴 가능성이 있다. 이런 누락을 방지할 때 유용한 방법으로 다음 두 가지를 소개한다.

① 대립 개념을 축으로 사용한다

- 국내와 국외
- 질과 양
- 소프트와 하드

② 정량화된 축을 사용한다

- 금액(10만 엔 미만과 10만 엔 이상)
- 시간(지금부터 이틀 이내, 지금부터 이틀 후 이후)

여기에서 알 수 있듯이 기준이 정량적이라면 경계선은 명확해진다. 기준을 생각할 때는 숫자로 나타낼 수 있는 것으로 분해할 수 있는지도 생각해보자.

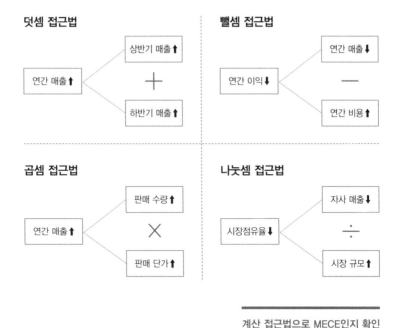

덧셈 접근법

연간 매출↑ ── 상반기 매출↑
           ＋
           하반기 매출↑

뺄셈 접근법

연간 이익↓ ── 연간 매출↓
           ─
           연간 비용↑

곱셈 접근법

연간 매출↑ ── 판매 수량↑
           ✕
           판매 단가↑

나눗셈 접근법

시장점유율↓ ── 자사 매출↓
            ÷
            시장 규모↑

계산 접근법으로 MECE인지 확인

　　'무엇과 무엇의 합인가'로 생각하는 덧셈 접근법과 정반대가 '무엇과 무엇의 차인가'를 생각하는 뺄셈 접근법이다. 예를 들어 이익이라는 개념은 '매출-비용'이므로 '연간 이익이 하락했다'의 원인을 '연간 매출이 감소했다'와 '연간 비용이 증가했다'의 두 가지로 나눌 수 있다.

정량적 문제 분석에 최적인
곱셈 접근법

곱셈 접근법은 A=B×C인 덩어리 A를 B와 C로 분해하는 방법이다. '연간 매출이 감소한 원인'을 곱셈 접근법으로 분해해 보자.

연간 매출 감소
- = 판매 수량이 감소했다×판매 단가가 떨어졌다
- = 시장 규모가 축소되었다×시장점유율이 축소되었다
- = 영업사원 수가 감소했다×영업사원 한 사람당 매출이 떨어졌다

이것을 MECE 분해라고 말할 수 있는 것은 일반적으로 다음과 같은 공식이 성립되기 때문이다.

매출
- = 판매 수량×판매 단가
- = 시장 규모×시장점유율
- = 영업사원 수×영업사원 한 사람당 매출

이 책에서 예상하는 발상의 폭 공식도 사실은 곱셈 접근법으로 생각할 수 있다는 사실을 알아차렸는가?

$$발상의\ 폭 = ① \ 정보량 × ② \ 가공률 × ③ \ 발상률$$

이와 비슷한 방법이 나눗셈 접근법이다. 예를 들어 시장점유율이라는 개념은 '회사 매출 ÷ 시장 전체 매출'이다. 따라서 자사 시장점유율이 하락한 요인을 분석한다면 '자사 매출이 감소했다'와 '시장 전체가 확대되었다'의 두 가지 가능성을 생각하면 된다.

MECE가 아닌
분해 방법

누락이 나오지 않도록 기준을 의식하면서 분해할 때 많은 사람이 저지르기 쉬운 실수를 크게 세 가지로 분류해보았다.

① '그 외'로 해결한다

우선 누락이 없게 하려고 의식한 나머지 '그 외'를 많이 쓰는 일이다. 가령 '어느 나라의 인구가 줄어든 원인'을 WHY형 트리로 분해할 때 이렇게 나누는 경우가 있다.

→ 죽는 비율이 증가했다.

→ 그 외

'그 외'에 나머지 모든 것이 포함된다는 의미에서 이렇게 나누는 방법을 MECE라고 할 수 있다. 그러나 과연 본래 목적인 '발상의 누락을 방지한다'고 할 수 있을까? '그 외'라고 쓰는 것은 이제 이 항목을 MECE로 나누는 일을 단념한다는 뜻이다.

물론 모든 것을 MECE로 생각하는 데는 한계가 있으므로 트리의 일정 단계에서 '그 외'가 나오는 것은 어쩔 수 없다. 하지만 상류 단계에서 '그 외'를 사용하는 것은 누락 방지가 목표라고 할 수 없다.

② **상류와 직결되지 않는다**

또한 '어느 나라의 인구가 감소했다'의 바로 하위 단계에서 이렇게 나누는 방법도 올바르지 않다.

→ 천재天災가 증가했다.

→ 인재人災가 증가했다.

이것은 '재해가 증가했다'를 MECE로 분석하는 것이지, '인구가 감소했다'의 원인과는 직접적인 관계가 없다. '인구가 감소했다' → '감소 비율이 증가했다' → '사망자가 증가했다' → '재해에 따른 사망자가 증가했다'는 중간 단계가 있어야 비로소 '천재가 증가했다'와 '인재가 증가했다'로 나눌 수 있다.

③ 포함되지 않은 것이 혼입되었다

같은 분해 과정에서 다음과 같이 나누었다고 하자.

→ 재해가 증가했다.
→ 재해가 증가하지 않았다.

앞에서 말한 대로 '재해가 증가했다'는 인구 감소의 원인이 될 수 있으나 후자의 '재해가 증가하지 않았다'는 어떤가?

예를 들어 '재해가 증가하지 않았다'는 '재해 수가 감소했다', '재해 수가 바뀌지 않았다'로 나눌 수 있지만 그렇다면 이상해진다. '재해 수가 바뀌지 않았다'는 변화가 아니므로 인구 감소라는 변화의 원인이 될 수 없다. 누락도, 중복도 아닌 본래 그곳에 포함되지 않는 나머지가 나온다는 의미에서 MECE라고 할 수 없다.

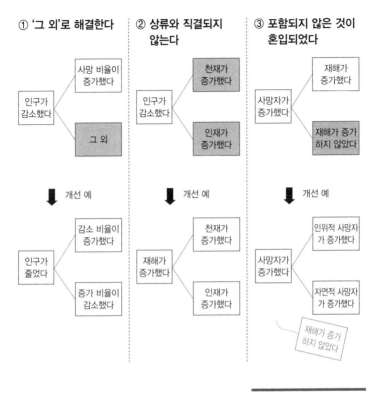

① '그 외'로 해결한다

인구가 감소했다 → 사망 비율이 증가했다 / 그 외

↓ 개선 예

인구가 줄었다 → 감소 비율이 증가했다 / 증가 비율이 감소했다

② 상류와 직결되지 않는다

인구가 감소했다 → 천재가 증가했다 / 인재가 증가했다

↓ 개선 예

재해가 증가했다 → 천재가 증가했다 / 인재가 증가했다

③ 포함되지 않은 것이 혼입되었다

사망자가 증가했다 → 재해가 증가했다 / 재해가 증가하지 않았다

↓ 개선 예

사망자가 증가했다 → 인위적 사망자가 증가했다 / 자연적 사망자가 증가했다

재해가 증가하지 않았다

MECE가 아닌 세 가지 패턴

하나의 문제에
여러 개의 트리를 만들어도 된다

이렇게 MECE로 나누어 생각한다는 것은 꽤 어렵다. 커다란 덩어리에서 순서대로 나누려고 해도 금방 능숙해지지 않고, 정

말로 MECE가 되는지 쉽게 확증할 수 없기 때문이다.

일부만 세부적으로 나누고 다른 부분은 그대로 두는 찌그러진 형상의 트리라도 MECE가 될 수 있고, 깔끔하고 균형 있게 세부적으로 분기한 트리라도 MECE가 아닐 수 있다. 그러나 완벽한 트리를 만들겠다고 고집을 부릴 필요는 없다.

이만큼 주의를 주어도 트리의 모범 답안에 신경 쓰는 사람이 많다. 연수 과정에서도 배우는 일을 좋아하는 성실한 사람일수록 "그럼 결국 어떤 식으로 분해해야 정답입니까?"라고 묻는다. 사람에 따라 바보의 벽은 다르므로 이상적인 분해 방법도 사람에 따라 다르다. 그런 의미에서 트리를 몇 개씩 만들어도 상관없다. 접근법을 바꿔 여러 가지 축으로 분해를 시도하면서 트리를 여러 개 만들어 보자.

'생각한다는 것이 이렇게 어려운 일인가?' 하고 절망하지 말기 바란다. 생각하는 능력을 갈고닦은 다음에도 '나는 아직 충분히 생각하고 있지 않다'는 감각을 지니는 일은 매우 중요해서, 오히려 어렵다고 느끼는 사람이 제대로 생각해낼 수 있다.

중요한 것은 공통의 정답에 도달하는 일이 아니다. 자신의 아이디어를 펼치고 자기만의 결론을 발견하는 것이다. 일단은 '처음에 나온 직감보다 조금이라도 발상을 넓힐 수 있으면 된다'는 가벼운 마음으로 실천해보자.

말의 힘을 높이는
네 가지 습관

논리 사고력이야말로 발상력의 원천이며, 논리 사고력은 말의 힘이다. 일본인은 모호하게 말하는 경향이 결점이 되기도 한다.

말의 힘이 중요함을 이해하지 않은 채로는 사상을 구축하는 일도, 매사를 이해하는 일도 전혀 진행되지 않는다. 깊은 사색은 모국어가 아니고서는 할 수 없다. 말이 자꾸 약해지는 것은 이 나라의 훼손이 깊게 진행되고 있는 최대 원인이며 결과기도 하다.

오이시 히사카즈大石久和,《국토가 일본인의

수수께끼를 푼다国土が日本人の謎を解く》(산케이신문출판)

그러면 각자의 수준에서 언어 능력을 높이기 위해 무엇을 할 수 있을까? 개인적으로 추천하는 방법을 소개하고자 한다.

능력을 올리고 싶다면
의식을 바꾸자

어떤 성과를 창출하는 힘이라는 개념을 MECE로 분해한다고 하면 능력×의식으로 분해할 수 있다. 즉, 성과를 내는 사고력이 있는 사람은 사고 능력이나 사고하려는 의욕이 있는 사람이다.

말의 힘도 마찬가지다. 물론 본래 언어 능력이 뛰어난 사람도 있고, 어른이 되는 과정에서 많은 말을 접해 자연히 능력이 갈고닦아진 사람도 있을 것이다. 그러나 말의 힘을 결정짓는 것은 그것만이 아니다. 각각의 단어가 어떤 의미를 지니는지 섬세하게 파악하려는 의식이 있는 사람일수록 말의 힘도 높아진다.

이것은 신체 능력을 올리는 이야기에 가까울지도 모른다. 선천적으로 몸이 건강한 사람이나 운동을 하고 있어서 몸이 다부진 사람이 있다. 그러나 그렇지 않은 사람이 신체 능력을 올리려고 할 때 우선할 수 있는 일은 의식을 바꾸는 일이다. 신체 능력을 끌어올리는 트레이닝이나 생활 습관을 받아들이도록 마음먹는 것이다.

그렇다면 이제까지 영어사전을 펼친 횟수와 국어사전을 펼친 횟수, 어느 쪽이 많을지 생각해보자. 수강생에게도 이런 질문을 하는데, 90% 이상이 영어사전이라고 대답했다. 이는 국어에 대한 의식이 없기 때문이다. 우리는 모국어를 당연한 것으로 받아들여서, 많은 단어의 경계선을 모호하게 방치한다. 그러므로 말의 힘을 높이고 싶다면 국어사전을 펼치는 습관을 들이기를 추천한다.

미시마 유키오는 유소년 시절부터 사전을 읽었다고 한다. 외국어를 처음 접했을 때처럼 다시 한 번 말의 경계선을 되돌아보자.

올바른 문장을
머릿속에 입력한다

말에 대한 의식을 높인다고 해도, 머릿속에 올바른 말이나 논리가 들어 있지 않으면 말이나 절차가 알맞아도 그것을 깨닫지 못한다. 문장이 논리적인지를 판단하려면 먼저 자신 안에 논리적인 문장을 입력할 필요가 있다. 그래서 논리적인 문장을 베껴 쓰기를 추천한다. 물론 어떤 문장이 좋은지 알기가 쉽지 않다. 가령《아사히신문》칼럼〈천성인어天声人語〉를 베껴 쓰는 노트도 발매되어 있는 듯하지만, 이는 논리를 목표로 하는 문장이라고 할 수 없다.

국어 교과서에도 논리적이라고 할 수 없는 문장이 꽤 있으므로 주의가 필요하다. 교과서를 베껴 쓴다면 인과관계나 사실을 나열하는 사회 교과서에서 흥미가 있는 분야를 고르면 좋다.

나는 형법 문장을 본다. 법률 문장은 어떤 의미에서 논리 덩어리다. 물론 법률에 따른 말(경계선)의 해상도에는 차이가 있다. 가령 일본 헌법에는 다양한 해석이 가능한 관대한 표현이 많다. 반면에 '당신은 사형이다. 왜냐하면……'처럼 논리만으로 사람을 죽이는 사형선고에는 궁극의 논리성이 요구된다. 법학부 학생 시절에는 법문을 베껴 써서 말에 대한 의식을 높였다.

항목별 메모는
반드시 노트로 정리한다

생각하는 사람일수록 메모광이다. 어떤 식으로 메모하는지 세세한 기술을 전달하려는 것은 아니다. 의외로 무시하기 쉽지만 필기구도 중요하다. 역시 메모는 손으로 직접 쓰는 편이 낫다. 메모하는 습관을 확실히 들이고 싶은 사람은 메모하는 데 즐거움을 주는 펜을 준비해보자. 앞으로의 투자라고 생각하고 다소 값이 비싼 만년필을 사는 것도 좋다.

참고로 나는 몽블랑의 마이스터스튁 149라는 만년필을 오랫동안 애용했다. 펜촉이 굵은 타입이다. 하쿠호도 시절에 경험하며 배운 것인데, 메모는 굵은 글씨로 쓰는 편이 발상이 쉽게 펼쳐진다.

메모하는 동시에 생각하고 상대의 이야기를 정리하는 것이 이상적이다. 그러나 그렇게까지 할 수 있는 사람은 거의 없다. 이야기를 들으면서 손도 머리도 같이 움직이는 것은 상상 이상으로 힘들다. 그런 경우 상대가 말하는 내용을 모조리 메모한다. 항목별로 쓰거나 화살표 등을 사용해도 상관없다. 메모하는 정보를 어중간하게 고르지 말고 우직하게 손을 움직여야 한다. 정보 유입의 지점에서도 전달했듯이, 이런 선별에는 반드시 바보의 벽이 생기기 때문이다.

게다가 남김없이 메모해야 상대가 생각하지 않는 부분, 즉 상대의 바보의 벽을 깨달을 수 있는 가능성이 생긴다. 질문하는 능력이 있는 사람은 상대의 사고에서 구멍을 깨닫고, 그 부분에 질문을 던져 상대가 발상을 펼치게 한다.

다만 메모는 항목별로만 방치해두지 말고, 나중에 접속사를 사용한 문장으로 정리해 고치는 습관을 들이자. 들은 정보를 그대로 메모하기만 해서는 소재를 있는 그대로 둔 채 정보를 받아들인 셈이다. 지식 간 연결이 확실하지 않고, 화살표나 도형도 사용되어 있어 말이 아니라 이미지로 파악되는 부분도 많다.

이대로는 창조적인 아이디어가 나오지 않는다. 그러므로 깊이를 더해 지혜의 형태로 만들 필요가 있다. 접속사를 사용해 하나의 문장으로 합친 뒤, 그 지식에 대해 다시 한 번 '왜'를 물을 기회를 만들자.

파워포인트 전에
워드를 켠다

평범한 사람은 이미지로 생각하는 것보다 말로 생각하는 능력이 발달되어 있다. 따라서 논리 사고야말로 우리의 발상을 넓히는 최선의 방법이다. 그런 의미에서 프레젠테이션을 위해 갑자기 파워포인트를 켜는 것은 현명한 선택이라고 할 수 없다. 파워포인트는 문장 정보를 전달하는 데는 적합하지 않은 툴이다. 사진이나 일러스트, 그래프라는 이미지로 전달하는 데 최적화된 소프트웨어기 때문이다.

이런 요소를 군데군데 넣은 슬라이드 효과를 부정할 작정은 아니지만, 파워포인트는 프레젠테이션을 위한 툴이지, 프레젠테이션의 내용을 생각하기 위한 툴은 아니다.

나는 프레젠테이션을 평가하는 역할을 의뢰받은 적도 많은데,

솔직히 대다수 프레젠테이션은 채점할 만한 수준이 아니었다. 말을 끝까지 생각하지 않았기 때문이다. 이미지로 생각하는 능력이 있는 사람은 갑자기 파워포인트로 슬라이드를 작성해도 충분할지 모르지만, 대부분의 사람에게는 그런 능력이 없다. 따라서 결과적으로 충분히 생각하지 않은 프레젠테이션이 되어버린다.

그래서 나는 먼저 문장으로 쓰게끔 지도한다. 자신이 전달하려는 바를 접속사를 사용한 문장 형태로 구성한 다음 슬라이드로 구현해가는 것이다. 프레젠테이션의 달인이라고 불리는 스티브 잡스 같은 사람조차 슬라이드로 보여주는 내용은 얼마 안 되는 문자나 제품 이미지였다. 그의 프레젠테이션이 훌륭한 까닭은 역시 그가 하는 말에 있었다. 그러니 프레젠테이션을 할 때는 불쑥 이미지부터 들어가지 말고 먼저 말(논리)로 자신의 사고를 구성하도록 하자.

결론 사고로
정보를 수집한다

저 사람의
새로운 프로젝트는
왜 실패했을까?

정보를 수집하는
사람에게는
숨겨진 **결론 가설**이 있다

5강에서, 머릿속 정보량을 늘리는 상황에도 바보의 벽이 생기므로 정보 유입 습관을 받아들이는 것이 좋다고 했다. 그런데 실제 비즈니스 상황에서는 좀 더 단기적으로 답을 내야 하는 일이 많아서 목적 없는 수동적인 정보 유입만으로는 대응할 수 없다. 말하자면 정보 '수집'이 필요해진다는 말이다.

다만 일반적인 비즈니스맨들은 정보 수집을 지나치게 오해한다. 발상을 넓힌다는 이 책의 중심 주제에서는 조금 벗어나지만, 마무리를 위해 여기에 대해서도 살펴보기로 하자.

정보 수집에도
'아뿔싸'가 있다

가령 백화점 프로모션을 두고 경합이 생겨 광고회사 E사가 이름을 올리게 되었다고 하자. E사 부장은 부하 직원에게 이렇게 말했다.

"이 경합에는 경쟁 상대인 F사도 손을 뻗치고 있어. 그러니 절대로 지면 안 돼. 프레젠테이션 당일까지 2주밖에 안 남았어. 자, 필요한 정보를 모두 모아보자!"

부하 직원은 눈이 빨개질 정도로 정보를 모았다. 하지만 최근에는 인터넷이 있어서 아무리 정보를 모아도 끝이 없었다. 슬슬 구체적인 제안이 구현되어야 한다고 생각한 그는 적당한 지점에서 정보 수집을 끝냈다. 부장은 부하 직원이 모아 온 정보를 훑어보고 지적하기 시작했다.

"제대로 조사한 거야? 이 업계 정보가 전부 빠졌잖아. 이런 걸로 F사에 이길 수 있다고 생각하는 건 아니겠지. 정보를 모조리 모으라고 했잖아!"

부장의 지적은 지당한 말이었다. 부하 직원은 자신의 정보 수집에 치명적인 누락이 있다는 사실을 인정하지 않을 수 없었다. 그러나 몹시 난감했다. '필요한 정보를 모조리 모은다'는 것은 도대체 무슨 말일까? 부장의 지적에 부하 직원은 혼란에 빠졌다.

"정보를 모조리 모아라"라고 말해도 문자 그대로 전 세계의 정보를 모으라는 의미는 아니다. 부장은 '필요한 정보'를 모으라고 한 것이다. 하지만 '필요한'은 어떤 의미일까?

답을 말하자면 '부장 나름의 잠재적인 아이디어에 필요한 정보'라고 할 수 있다. 즉, 부장은 잠재적인 형태라고 해도 '이런 제안을 하면 좋지 않을까?' 하는 아이디어가 있다. 그것을 보강해주는 정보를 부하 직원이 모아 오기를 바란 것이다.

구체적인 정보 수집에 앞서 지니고 있는 답을 **결론 가설**이라고 한다. 정보 수집에는 결론 가설이 빠질 수 없다. 무의식적이든 의식적이든 명료하든 불명료하든, 결론 가설이 없다면 정보 수집은 성립되지 않는다.

부장도 어떤 결론 가설(다만 무의식적이고 매우 모호한)이 있었기에 '이 업계 정보가 전부 빠져 있다'고 즉시 알아차릴 수 있었다. 부하 직원도 나름의 결론 가설을 무의식적으로 지니고 있어서 그것을 토대로 정보 수집을 진행한 것이다. 그러나 그의 결론 가설이 부장의 결론 가설과 부분적으로 어긋나서 어떤 범위를 조사해야 부장이 납득하는지 알 수 없었다.

결과는 어땠을까? 그 후 부하 직원은 부장에게 명령받은 대로 정보를 수집해 프레젠테이션 자료를 준비했지만 경쟁에서 참패했다. 부장의 결론 가설은 트렌드를 완전히 무시한 아이디어였기 때문이다.

우선 정보 수집부터 하면
프로젝트는 실패한다

이런 일을 막으려면 어떤 단계가 필요할까? 문제를 정리해보자. 두 가지 원인에서 네 가지 문제가 발생했다.

① 결론 가설이 잠재적
　→ 가설이 보이지 않아 팀 내에서 공유되지 않았다.
　→ 가설이 보이지 않아 가설의 가치가 검토되지 않았다.
② 결론 가설이 불명확
　→ 정보를 수집해야 할 범위가 모호해 누락이 발생했다.
　→ 정보를 수집해야 할 범위가 모호해 불필요한 부분이 섞였다.

정보 수집을 하기로 했다면 먼저 결론 가설을 확실한 형태로 표면화(=언어화)해야 한다. 그러나 그렇게 하지 못하는 프로젝트가 많다. 주변에도 이런 일이 일어나고 있지 않은가?

G사에서 새로운 웹 미디어를 가동하는 프로젝트가 시작되었다. 프로젝트 팀장을 포함해 팀원은 5명. 1차 미팅은 팀장이 훌륭하게 진행해 의견이 활발하게 나왔다. 미팅을 정리하면서 팀장이 이렇게 말했다.

　　"오늘은 여기까지 하겠습니다. 그럼 2주 후까지 이노우에 씨는 이것, 사토 씨는 이것, 우에하라 씨는 이것, 가와타 씨는 이것에 대해 정보를 모아주세요. 수고하셨습니다."

　　팀원은 2주 동안 과제를 소화했다. 그러자 그 과정에서 그때까지 팀장의 머릿속에 잠재되어 있던 결론 가설이 점점 명확해졌다. 구축해야 할 사이트에 관한 구체적인 아이디어가 보인 것이다. 그러나 이런 아이디어가 질이 높은 경우는 없다. 이미 확인했듯이 아이디어의 질을 높이고 싶다면 무엇보다 아이디어의 총량을 늘려야 한다. 그렇지 않다면 그 아이디어는 직감으로 나온 수준을 넘지 못한다.

　　팀장은 내심 당황한다. 자신들이 제작하려는 사이트가 굳이 새롭게 만들 만큼 가치가 있는지 알 수 없었기 때문이다. 자신들이 지금까지 해온 일은 극히 평범한 아이디어를 보강하는 정보 모음밖에 안 된다는 것을 깨달았다. 어떻게든 좀 더 질 높은 결론 가설을 짜내려 했지만, 남은 시간을 생각하면 새롭게 정보 수집을 할 때가 아니었다. 하는 수 없이 팀원들이 모아 온 정보를 다시 읽어

보고 머리를 싸맸다. 하지만 새로운 아이디어는 나오지 않았다.

결론 가설 입안이
선행되어야 한다

팀원이 모아 온 정보는 팀장이 잠재적으로 지닌 결론 가설을 뒷받침하는 내용이었을 것이다. 이를 토대로 다른 가설을 생각하는 일은 같은 부품을 사용해 전혀 다른 조립을 고안하는 것과 마찬가지다. 물론 불가능하지는 않지만, 그럴 만한 기지가 있었다면 애당초 이런 상황은 되지 않았을 것이다. 그 결과 몇 개월 후에 완성된 것은 누구라도 떠올릴 법한 흔한 느낌의 웹사이트였다. 물론 페이지뷰가 늘어나는 일 없이 1년 후 조용히 문을 닫았다.

여기에서 강조하고 싶은 말은, 결론 가설보다 우선한 정보 수집 전부 무가치하다는 점이다. 아무리 정밀도 높은 정보를 효율적으로 모은다고 해도 그 정보를 통해 구성되는 결론의 질이 낮으면 정보 수집은 실패다. 그러므로 무엇보다 결론 가설을 철저하게 생각하는 일이 먼저 필요하다.

결론 사고를 의식하고
가설 → 검증을 반복한다

    정보부터 수집하지 않고 사고부터 하면 정보 수집의 의미도 바뀐다. 정보는 자신의 답을 만들기 위한 소재라기보다 답을 검증하거나 보강하기 위한 재료다. 따라서 앞에서 말한 프로모션 제안을 하든 웹 미디어 기획을 하든, 먼저 질 높은 결론 가설부터 생각해야 한다. 그리고 그 가설을 검증하기 위해 정보 수집을 해야 한다.

    물론 정보 수집 결과 결론 가설이 잘못되었다고 판단할 때도 있다. 그때는 새롭게 결론 가설을 만들어 새롭게 정보 수집을 한다. 시간이 허락하는 한 결론 가설과 정보가 정합성을 띨 때까지 가설 → 검증을 반복한다.

결론 가설이
잘못되었어도 상관없다

이처럼 미리 명확한 결론 가설을 명시한 뒤에 정보 수집을 하는 데는 이점이 많다. 199쪽에서 이야기한 문제점과 대조해보자.

① 결론 가설이 표면적
 → 검증해야 할 가설을 팀 내에서 공유할 수 있다.
 → 가장 가치가 높아 보이는 가설부터 착수할 수 있다.
② 결론 가설이 명확
 → 정보를 수집해야 할 범위가 명확해 누락이 나오기 어렵다.
 → 정보를 수집해야 할 범위가 명확해 효율적이다(시간 절약).

이때 가장 이점은 수집해야 할 정보가 명확하므로 정보를 수집하는 데 쓰는 낭비를 단숨에 줄일 수 있다는 점이다. '정보 수집 → 결론의 표면화'보다 '결론 가설 → 정보에 따른 검증'에 드는 시간이 적다.

만약 검증이 제대로 된다면 고객에게 제안하는 시간을 앞당길 수도 있다. 혹은 검증이 제대로 되지 않았다고 해도 다른 결론 가설을 구축해 그것만 재검증할 시간적 여유가 있다. 비즈니스에서

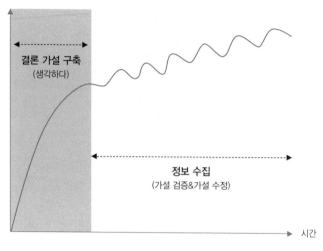

결론의 질

결론 가설 구축
(생각하다)

정보 수집
(가설 검증&가설 수정)

시간

결론 가설 구축과 검증 프로세스

는 속도가 중요하다는 관점에서 봐도 결론 사고를 선행한 정보 수집 쪽이 이길 가능성이 압도적으로 크다.

왜 정보 수집부터 시작하면
새로운 답이 나오지 않을까?

정보 수집보다 생각하는 일을 우선해야 하는 근본적인 이유는 정보 수집에도 바보의 벽이 있기 때문이다. 미리 정보 수집부터 시작하는 사람은 어떤 결론 가설을 지니고 있다. 정보 수집이 성립하려면 아무리 희미해도 결론이 있다. 문제는 그 답이 확실히 표면화되어 있지 않다는 점이다. 이는 충분히 생각하지 않았다는 말이다.

그러면 이런 결론 가설은 어디에서 왔을까? 물론 본인의 머릿속에서 나온 것이다. 이는 의식적으로 사고하지 않아도 직감적으로 번뜩 떠오른 아이디어의 수준을 넘어서지 않는다. 누구라도 5초면 떠올릴 법한 발상의 수준보다 넓어지지 않는다. 바보의 벽이 성립하기 때문이다. 그렇기에 미리 정해진 운명처럼 발상이 어느 범위를 넘어서지 못한다.

정보 수집을 우선하는 한 **이노베이션**(혁신)은 일어나지 않는다. 그 정보 수집을 성립시키는 결론 가설에는 틀림없이 바보의 벽이 있기 때문이다. 따라서 이 순서를 뒤바꿔야 한다. 먼저 철저하게 사고해 다양한 가설을 끌어내고, 그중에서 가장 가치 있어 보이는 결론 가설을 정보 수집을 통해 검증하는 것이다. 결국 정보를 수집하려면 먼저 생각하는 수밖에 없다.

정보가 **불완전**해도
답은 **발견**된다

어째서 대부분의 사람이 정보 수집부터 착수하려 할까? 여기에 서도 '생각하다'와 '배우다'에 대응하는 문제에 가로막힌다.

> 배움을 좋아하는 사람일수록
> 정보 수집부터 시작한다

사실 나 역시 배우는 것을 좋아하는 사람이다. 특히 20대 때는 매주 세 번은 서점에 가서 마케팅이나 전략 서적을 사서 읽었다. 물론 그때 공부한 내용이 전혀 도움이 되지 않았다고 할 수는 없다. 그렇게 지식을 계속 흡수하는 것 자체가 나의 가치를 높인다고 믿었다. 게다가 나는 우선 정보 수집부터 하는 전형적인 인재기도 했다. 필요한 정보를 모아 와서 답을 내는 일이 특기였다.

그런 인식을 고친 계기는 캘리포니아대학 버클리에서의 MBA 수업이었다. 하버드대학 비즈니스 스쿨에는 강연 형식 수업이 없고 케이스 스터디^{case study}만 한다는 말을 들은 적이 있었다. 실재 기업을 예로 들어 실제 케이스를 토론하는 것이다. 버클리에도 물론 그런 수업이 있었다.

기업의 역사나 업무 내용, 재무 내용 등을 정리한 소책자를 주었는데, 그 속에 문제점이 쓰여 있을 리는 없었다. 그 기업에 어떤 과제가 있는지를 포함해 학생들이 스스로 생각하고 해결책을 탐색해가야 했다.

하버드 비즈니스 스쿨에는
왜 강의가 없을까?

그런 수업에 가치가 있다는 사실을 머리로는 이해할 수 있었지만, 처음 케이스 스터디 수업을 받았을 때는 완전히 절망했다.

정보가 너무 적다고 느꼈기 때문이다. 당시 수업에서는 '생화 택배'라는 비즈니스를 다루고 있었다. 그러나 처음에 주어진 정보에는 그 비즈니스 시장 규모가 어느 정도인지조차 기재되어 있지 않았다.

'겨우 이 정도 정보로 뭘 생각하라는 거지?'

그래서 나는 우선 정보 수집부터 했다. 생화 시장 규모가 어느 정도인지 도서관에 가서 조사한 것이다. 그렇다고 해도 주어진 정보보다 유익한 정보는 별로 찾지 못했다. 당시에는 인터넷도 없었고, 막 시작 단계였던 생화 택배 비즈니스에 대해 그만큼 정보가 축적되어 있을 리도 없었다.

그렇게 본 수업이 시작되었다. 결과는 비참했다. 100분의 토론 수업 중에 나는 한마디도 참여하지 못했다.

미국 IBM 전 회장 루이스 거스너Louis Gerstner의 말을 빌리자면, 비즈니스 스쿨의 본래 목적은 확실하지 않은 상황에서 한정된 시간 안에 사태를 분석하고 판단을 내리는 능력을 기르는 일이다. 그런 의미로 본다면 케이스 스터디에서 불완전한 정보밖에 주어지지 않은 것은 당연한 일이었다. 새로운 비즈니스를 시작할 때는 이런 상황에 직면하게 된다. 따라서 이때 필요한 것은 먼저 머리로 생각하고, 나만의 결론 가설을 좁히는 일이다. 케이스 스터디는 그 과정을 위한 훈련이었다.

유능한 사람이 빠지는
고급 루틴 워크의 굴레란?

이렇게 말해도 우선 정보 수집부터 하는 데 익숙한 사람은 아직 납득하지 못했을 수도 있다. 실제로 우리는 대부분 생각하지 않은 채 일을 한다. 타인이 만든 논리에 따라 매사를 보고 거기에 들어맞는 정보를 수집하면 업무의 90%가 그럭저럭 이루어진다.

미리 생각하지 않아도 막연하게나마 어떤 정보를 수집하면 되는지 알면 충분한 업무를 **고급 루틴 워크**라고 한다. 학교 시험과 달리 정해진 정답이 없으므로 상당히 고민해야 한다는 면에서는 '고급'이지만, 하고 있는 일은 공란을 메우기 위한 답 찾기(정보 수집)의 단계를 벗어나지 않는 루틴 워크^{routine work, 일정하게 정해진 하루의 업무-옮긴이}라는 말이다.

일본 기업의 업무 대부분이 고급 루틴 워크다. 예전에는 복잡한 고급 루틴 워크를 대량으로 해내는 근면한 사람을 우수하게 여겼다. 요컨대 타인이 생각한 논리를 머리에 넣는 능력, 거기에 정보를 적용하는 능력만 있으면 머리가 좋은 사람이었던 것이다. 하지만 그런 시대는 끝났다. 지금은 스스로 논리(결론 가설)를 만들 수 있는 사람, 그에 따라 정보 수집을 할 수 있는 사람을 필요로 한다.

저 사람은
어떻게 도쿄대 졸업생을
이길 수 있을까?

학력은 사회에 나오면
상관없다는 말은 정말일까?

"이런 식이면 평생 도쿄대 졸업생을 이길 수 없어!"

200명에 가까운 대학생을 향해 나는 목소리를 거칠게 높였다. 원래 타인의 일에는 그다지 관여하지 말자는 주의였지만, 이때만은 말하지 않을 수 없었다. 너무나도 원통했기 때문이다.

1년 전, 게스트 강사로 모 사립대학 교단에 섰을 때의 일이다. 오랜 친구가 그곳에서 수업을 담당하고 있어서 부탁을 받았다. 그

친구는 몇 편의 전설적인 텔레비전 프로그램을 맡았던 전 후지TV 프로듀서였다. 그가 만든 프로그램을 보고 자라면서 나중에 창의적인 일을 하고 싶다고 생각한 학생들이 그 수업을 들었다.

나는 수업의 프레젠테이션 과제를 평가하는 역할로 초대되었다. 프레젠테이션 주제는 '쿨 재팬Cool Japan'이었다. 이런 말을 해서 좋을 일은 없겠지만, 모든 발표가 평가할 만한 수준이 아니었다. 물론 내 평가 기준이 상당히 높았을지도 모른다. BCG나 하쿠호도에 있을 때, 프레젠테이션 달인들을 질리도록 봐왔기 때문이다. 그래도 학생들의 프레젠테이션에는 결정적인 부분이 빠져 있었다.

"이 중에서 쿨 재팬이라는 말에 대해 진정으로 생각한 사람이 있습니까? 어느 발표에서도 그 과정이 전혀 보이지 않네요. 다시 한 번 검토해보세요."

게스트 강사였으니, 나는 말하고 싶은 대로 말했다. 내 의도가 확실히 전달되었는지 아닌지 반응이 전혀 없었고, 학생들은 모호한 표정만 지었다.

그 수업은 트위터와도 연동되어 있어서 특정 해시태그hash tags, 소셜미디어에서 단어나 구절 앞에 #을 넣어 게시물을 쉽게 분류하고 검색할 수 있도록 하는 기능를 넣은 트윗이 교실 앞쪽에 투영되는 구조였다. 문득 그 게시물의 타임라인에서 어떤 트윗을 보고 어이가 없어졌다.

"돈을 받고 가르치러 온 거니까 생각하라고 하지 말고 빨리 답이나 가르쳐라.”

얌전하게 수업을 받고 있는 학생들도 트위터에서는 꽤 속마음을 드러냈다. 표현의 치졸함은 차치하더라도, 나는 충격을 받아 말문이 막혔다. 게다가 그런 감상은 불성실한 학생 한 사람만의 표현이 아니었다. 표현의 차이는 있었지만 비슷한 취지의 트윗이 여기저기 보였다. 그래서 내가 이 장의 서두에 쓴 말을 내뱉은 것이다.

“혹시 사회에 나오면 학력 따위는 상관없다고 생각하는 거야? 하지만 이런 마음가짐이라면 평생 도쿄대 졸업생을 이길 수 없어!”

어차피 한 번만 하는 강사니 굳이 풍파를 일으킬 필요는 없었을지 모른다. 그래도 나는 참을 수 없었다. ‘돈을 받았다’는 말은 트집이었다. 나는 1엔도 받지 않았고, 친구에게 오므라이스를 얻어먹었을 뿐이었다.

편차치에만 한정해 말하자면, 그들은 도쿄대에 훨씬 미치지 못하는 대학 학생이다. 물론 나는 이 책에서 이미 학력 차이는 하찮을 것없다고 했지만, 그들 입장에서는 불쾌하게 들렸을 것이다. 게다가 내가 도쿄대 졸업생이었으니 말이다. “뭐야 저 사람, 요즘 세상에 학력이나 자랑하다니!” 같은 말을 뒤에서 수군댔어도 이상할 것이 없었다.

텔레비전 프로그램 해설자를 맡아 개그맨들과 함께 일할 기회가 늘어났을 때 그들의 압도적인 사고력에 놀라서, 이제부터 일본에서는 사고력이 열쇠가 되리라고 새삼 느꼈음을 앞에서 말했다. 생각하는 힘만 갈고닦으면 얼마나 공부를 못하든, 얼마나 지식이 없든 하극상을 이룰 수 있는 영역이 늘어나고 있다. 그렇기에 그 기회가 온다는 사실을 학생들이 알기를 바랐다.

그러나 배우는 영역에서 승부하는 한, 반드시 그 앞은 도쿄대 졸업생 같은 고학력 엘리트가 가로막는다. 물론 가능성이 제로는 아니지만, 애석하게도 타고난 학습 능력 차이가 상당히 큰 영향을 준다. 그렇다면 스스로 나서서 도쿄대생 그늘 밑에 들어갈 필요는 없지 않을까?

그들이 평소 무엇을 생각하며 살아가는지는 모르지만, 그 수업에 나왔다는 사실은 장래에 무언가 창조적인 일을 해서 세상을 놀라게 하고 싶은 마음이 있다는 뜻이다. 그럼에도 그들은 목적을 이룰 기회를 알아차리지 못한 채 정답을 배우려는 태도에 안주해버렸다. 그 점이 유감스러웠다.

뜻밖에도 수업 후 설문 조사에서 "말을 확실히 하라는 조언에 퍼뜩 놀랐다", "도쿄대 졸업생에게 이길 수 없다고 들어서 놀랐지만, 이야기를 듣고 수긍했다"라는 꽤 호의적인 의견이 90% 이상을 차지했다. 그들도 생각하는 일의 소중함을 깨달을 기회가 없었던 것뿐이었다. 이 반응을 보고, 확실히 전달하면 알아주리라고 느꼈던 경험이 이 책을 쓰는 계기가 되었다.

배움의 최대 가치는
어디에 있는가?

오해하지 않기 바라는데, 나는 배움을 부정하고 싶은 게 아니다. 시대나 상황에 따라서는 지식이야말로 경쟁 상대에게 이기기 위한 최강의 수단임이 틀림없다. 배운다는 행위는 일본어 어원이 '마나부まなぶ, 배우다'인 데서도 드러나듯, 본질적으로 '마네マネ, 흉내', 즉 모방이다. 다시 말해 타인이 창출한 아이디어를 자기 안에 섭취하는 일이다.

효율성을 생각하면 자기 머리로 생각하는 일은 매우 비효율적이다. 가령 당신은 시간이 얼마나 주어지면 피타고라스의 정리를 생각해낼 수 있는가? 아마 99.9999%의 사람이 평생 걸려도 그 발견에 이르지 못할 것이다. 반면에 이것을 배우는 데는 한 시간이면 충분하다. 옛날 사람이 목숨을 걸고 창출한 성과를 한순간에 섭취하는 것이 배운다는 행위의 훌륭한 부분이다. 이미 말했듯이 비즈니스에서는 속도가 중요하다. 따라서 빨리 지식을 얻는 쪽이 우위에 서기도 한다.

국제정치 세계에도 같은 말을 할 수 있다. 예를 들어 메이지유신 직후 일본은 배움을 실천해 시대의 위기를 빠져나간 좋은 사례다. 메이지유신이 완성되고 신정부가 생긴 뒤에도 이른바 메이지의 명군들은 혁명의 승리에 도취되지 않았다. 미국이나 유럽 열강 제국이 아시아 국가들을 식민지화하려는 획책이 일본에도 위협으로 다가왔기 때문이다. 부국강병을 급선무로 한 일본은 이와쿠라 도모미岩倉具視를 단장으로 한 이와쿠라 사절단을 미국과 유럽 여러 나라에 파견했다. 그때 일본이 가장 많은 것을 배운 나라가 독일이다. 독일을 방문한 이와쿠라 사절단은 1871년 독일 통일의 중심인 비스마르크와 만나서 상징적인 조언을 들었다. 비스마르크의 말은 다음과 같았다.

"일본은 지금 생각해서는 안 됩니다. 우리도 지금은 생각하고 있지 않으니까요."

비스마르크의 의도는 과연 무엇이었을까? 당시 유럽에서는 영국이 세계 최첨단을 달리고 있었다. 아직 통일한 지 몇 년밖에 지나지 않은 독일이 봤을 때 자국과 영국에 또렷한 차이가 있다는 점은 부정할 수 없었다. 그렇기에 비스마르크는 생각했다. 독일에 무엇보다 필요한 것은 생각하는 일이 아니라 먼저 배우는 일, 더 사실대로 말하자면 영국을 철저하게 흉내 내는 일이었다. 따라서 비슷한 상황인 일본에도 같은 말을 할 수 있었다.

독일은 중앙 대학에 각 지방의 수재를 끌어모아 그중에서 성적이 더 우수한 사람을 영국에 유학하게 한 다음, 그들을 관료로 등용했다. 즉, 배우는 능력이 뛰어난 사람을 모아서 영국의 방식을 흡수하게 해 훌륭한 영국 복사본을 완성한 것이다. 비스마르크는 의도적으로 이런 전략을 취해 독일 국력을 급속히 높이는 데 성공했다.

이런 부분을 배운 일본도 재빨리 제국대학(지금은 도쿄대)을 만들었다. 각지의 수재를 모으겠다는 목표는 적중해서, 그중에서도 성적이 우수한 사람들이 관리가 되는 구조가 구축되었다. 그 뒤 문호로 알려진 모리 오가이森鴎外 등은 제1대학 구 의학교(현 도쿄대학 의학부) 예과에 나이를 두 살 속여 12세에 입학했고, 19세에 본과를 졸업했다.

이런 시스템은 국가가 개발도상국이고 명확한 모방 대상이 있을 때 매우 효과적으로 기능한다. 배우는 능력이 있는 인재일수록 우대받는 학력 사회에는 이런 배경이 있다. 따라서 현대에도 개발도상국의 태반은 여전히 학력 사회다.

비스마르크와 같은 전략으로 지금은 GDP 세계 2위까지 올라간 국가가 존재한다는 사실을 아는가? 바로 중국이다. 전후 중국은 배움, 더 정확하게는 흉내 내기로 국력을 높인 국가의 전형이다. 현대 중국이 무언가 새로운 것을 창출했는지 생각해보기 바란다. 퍼뜩 떠오르는 것이 있는가?

그만큼 인구가 있으면서도 중화인민공화국 국적의 노벨상 수상자는 문학상과 평화상을 제외한 분야에서 한 사람도 없다(대만 제외). 중국의 급성장을 지탱해온 것은 막대한 인구는 물론이거니와 IT부터 군사, 콘텐츠에 이르기까지 전부 철저하게 모방하려는 태도다. 비스마르크가 말한 대로 배워야 하는 동안에는 제로베이스 사고방식은 현명하지 않다. 배우는 자세를 일관하는 편이 훨씬 효율적이다.

그대로는 평생
도쿄대 졸업생에게 이길 수 없다

여기에서 현대 일본에 눈을 돌리면 고개가 갸우뚱해지는 사태가 계속됨을 알아차릴 수 있다. 지금 일본에도 이 시스템이 뿌리 깊게 남아 있다는 사실이다. 공부를 잘하는 학생 대다수는 아직껏 도쿄대 등의 유명 대학에 입학하고, 성적 우수자 대다수가 국가공무원이나 대기업 사원이 된다. 이미 일본은 무언가를 흉내 낼 필요가 없어졌는데도 여전히 학습을 중시하는 풍조가 계속되고 있다.

물론 생각하는 일의 중요성은 어느 시대에나 작용해왔다. 그런데도 이 낡은 시스템이 남아 있는 것은 이제까지는 생각할 필요가 없었다는 뜻이다. 타인이 생각해준 것을 배우고 그것을 이용해 답을 내는 편이 훨씬 효율적임을 누구나 알고 있었다.

그러나 이런 상황이 바뀌기 시작했다. 자신의 머리로 생각하고 스스로 발상한 아이디어가 없으면 경쟁에서 이길 수 없게 되었다. 지금까지는 업무 시간 중 3%를 생각하는 데 할애했다면 어떻게든 되었을지도 모른다. 하지만 앞으로는 그 비율을 10%, 20%, 30%로 높여야 한다.

어째서 이렇게 말할 수 있을까? 지금 내가 생각하는 일을 권하는 데는 두 가지 이유가 있다.

① 배움의 경쟁이 증가하고 있다(인재가 글로벌화하고 있다).
② 배움의 가치가 하락하고 있다(지식이 대중화되고 있다).

첫 번째 이유로 경쟁이 증가하고 있다는 말은 바로 인재의 글로벌화를 가리킨다. 아무리 학생 시절 성적이 우수했고, 좋은 대학을 졸업했으며 학습 능력에 우위를 보였다고 해도, 고작 국내 경쟁 환경에서의 이야기에 지나지 않는다. 이미 사정이 바뀌어 이제는 전 세계 고학력 엘리트가 라이벌이기 때문이다.

자신과 비슷하게, 혹은 그 이상으로 학습에 능숙한 인재가 중국과 인도에 몇 명이나 있을까? 학습의 영역에 머무르는 한 조급해질 정도로 많은 라이벌이 주변에 출현하기 시작했을 것이다. 그런 사람들 틈에 끼어 싸우는 방식은 그다지 세련되지 않다.

그리고 또 하나의 커다란 이유는 정보에 접근하는 환경이 정리되어 지식의 상대적 가치가 폭락했다는 점이다. 배움이 경쟁력의 원천이 될 수 있는 것은 정보에 격차가 있을 때다. 즉, 자신이 무언가를 알고 있고 경쟁 상대는 모를 경우, 그 정보는 무기가 될 수 있다. 예전의 비즈니스는 지식만으로도 승부할 수 있었다. 특정 정보에 접근할 수 있는 네트워크나 자금력만 있으면 압도적 우위에 서던 시대가 존재했다.

BCG에 있던 시절, 한 선배는 "예전에는 정말 간단했지"라고 자주 말했다. 클라이언트가 어떤 기업이든 "미국에서는 이런 경영 방식이 최첨단입니다"라고 외국어를 섞어서 이야기하면 안건이 쉽게 통과되었다고 한다. 가지고 있는 정보에 차이가 있어서 알기만 해도 우위에 섰던 시대였다. 전략 컨설팅처럼 사고력으로 승부하는 세계조차 이와 같은 상황이었다. 일본인이 왜 생각하지 않아도 되었는지 보여주는 좋은 예다.

지금은 해외여행이 상당히 쉬운 일이지만, 당시에는 해외에 가는 데 꽤 돈이 들었다. JAL 1편, 하네다-샌프란시스코 사이를 연결하는 일본 첫 국제편이 개통된 때가 1953년이다. 요금은 지금 화폐가치로 하면 편도로 800~900만 엔 정도였다고 한다. 미국에 가서 대단하지 않은 정보를 알아오는 데만 2천만 엔 정도의 돈이 들었다.

그래서 비즈니스 스쿨에서 가르치는 지식에도 무척 가치가 있었다. 교통비만으로 약 2천만 엔이 들었으니, 장기 체류비나 수업료까지 생각하면 억에 달하는 금액이 필요했다. 이런 이유로 왕년의 비즈니스 스쿨 출신자 대다수는 부자였다.

예를 들어 하버드 비즈니스 스쿨 졸업생으로 유명한 사람 중에 닛신제분日清製粉 사장이었던 쇼다 오사무正田修가 있다. 그는 닛신제분 창업자 손자로 미치코美智子 왕비의 남동생이다. 또한 펜실베이니아대 워튼 스쿨 출신자로 후지 제록스Fuji Xerox 중흥의 선조라고 불리는 고바야시 요타로小林陽太郎가 알려져 있는데, 그도 후지 사진필름(현 후지필름 홀딩스) 사장의 아들이다.

그런데 지금은 어떤가? 서점에 가면 MBA 관련 서적이 방대하게 있고, 인터넷으로 검색하면 누구나 무료로 상당한 정보에 접근할 수 있다. 물론 유료 정보도 있고, 실제로 비즈니스 스쿨에 다니려면 수업료도 필요하지만 1억 엔보다는 훨씬 저렴하다. 이미 그런 지식은 예전처럼 경쟁력의 원천이 될 수 없다.

이런 환경이 되면 확실히 유리해지는 사람이 있다. 당연히 빠르고 확실하게 생각하는 능력을 지닌 사람이다. 그리고 지금 그런 사람들이 지식 경쟁의 영역에서 뛰어올라 종래의 엘리트들을 앞지르는 사태, 지적 하극상이 일어나고 있다.

결국 영역 선택이
승패를 크게 좌우한다

학력이 낮아도 생각하는 사람이 지적 하극상을 일으키는 시대가 왔지만, 무조건 생각하기만 하면 된다는 뜻은 아니다. 동시에 어디에서 싸울 것인지도 사실 놓쳐서는 안 되는 변수다. 선택한 전쟁터에 따라 배움과 생각을 교묘하게 달리하면서 싸우는 사람이야말로 경쟁에서 이겨낸다. 그래서 전쟁터 선택을 둘러싼 고찰로 이 책을 마무리하고 싶다.

먼저 생각만 해서 승부할 수 있는 세계가 존재한다. 예능인의 세계는 이런 영역의 전형이다. 긴 무명 기간이나 학력과 지식의 유무에 관계없이 사고력 있는 인재라면 단숨에 상위권 전쟁터로 뛰어오를 수 있다. 반면에 의학계는 일반적으로 생각하기만 해서는 승부할 수 없는 세계다. 이제까지 축적된 방대한 의학 지식을 배우고 그것을 토대로 생각한 사람들 덕분에 의학은 진보해왔다. "학생 시절에 거의 공부하지 않았고, 최신 의학 성과도 전혀 배우지 않았지만 의학에 대해 내 머리로 30년간 생각해왔다"는 의사에게 목숨을 맡길 마음이 들까? 있을 수 없는 일이다. 학자와 변호사 같은 전문직도 마찬가지다.

그러나 의학 세계에서도 생각하는 일의 무게가 큰 분야가 존재한다. 예를 들어 순환기 병학의 권위자인 구레 켄[呉建] 박사. 그가 도쿄 제국대학에 재학하던 당시, 심장은 해명되지 않은 부분이 아주 많았고 연구 대상으로 인기가 없었다고 한다. 그러나 스승님에게 심장을 연구하라고 명받은 그는 스스로 사고력을 발휘해 지식의 미지의 분야를 개척해야 했다. 그래서 훗날 이 분야의 권위자로 알려지게 되었다.

이 사례에서도 알 수 있듯이 보편적 이론이 없는 영역, 혹은 보편적 이론이 아직 확립되지 않은 전쟁터에서는 생각하는 수밖에 없다. 다시 말하면 배워야 할 대상이 거의 없으므로 생각한 사람이 승리하는 것이다.

그런 의미에서 정신의학과 뇌과학도 사고력이 더욱 요구되는 영역이다. 다른 의학 영역에 비해 확고한 이론이 많지 않으므로, 더욱 설득력 있는 결론 가설을 구축할 수 있는 사람이 우위에 설 수 있다. 따라서 이렇게 말하기는 좀 그렇지만, 일반적 의미에서 엘리트라고 불리지 못하는 사람이나 별난 사람이 이 분야에서 크게 활약하는 경우가 많다.

의학 이외의 영역에서 보자면 긴다이 참치近大マグロ, 긴키대학 수산연구소가 1970년부터 연구·개발해 2002년 6월에 완전 양식에 성공한 참치−옮긴이가 그렇다. 이 배경에 엄청난 노력이 있다는 사실을 부정하지는 않지만, 영역을 선택하는 점에서 긴키대학 수산연구소가 참치 양식에 주목한 일은 탁월했다고 말할 수 있다.

긴다이 참치가 이노베이션을 넘어설 수 있던 것은 확립된 이론이 아직 존재하지 않은 영역을 골랐기 때문이기도 하지 않았을까? 이런 전쟁터일수록 사고력으로 승부하는 데 적합하고, 그래서 승리했을 때 더 커다란 임팩트를 남길 수 있다. 그런 의미에서 역시 비즈니스에는 사고력으로 살아남는 전쟁터가 많다. 하버드 비즈니스 스쿨에 강의가 없고 케이스 스터디가 중심인 것도 이런 이유 아닐까?

비즈니스에는 정해진 이론이 거의 존재하지 않는다. 그럴듯한 지식을 배우는 일까지 부정하지는 않지만, 그다음은 꾸준히 깊게 생각하면 된다. 가령 영업사원이라면 상품에 대한 최소한의 지식은 배워야 하지만, 영업 활동 자체에는 정해진 프레임워크가 거의 없다. 즉, 영업 분야는 전형적으로 생각한 자가 승리하는 세계다.

리더십에 대해서도 관련 서적이 많이 간행되고 있고, 여러 가지 이론을 말하는 사람들이 있다. 하지만 아무리 그것을 배워도 상대하는 대상이 살아 있는 인간인 이상, 결국 성과를 올리는 리더란 생각하는 리더 아닐까? 그러니 자신 앞에 무언가 정해진 규칙과 이론이 존재하지 않는 전쟁터가 펼쳐져 있다면 한층 더 사고력을 갈고닦아 마음껏 싸워나가자.

옮긴이 정지영

대진대학교 일본학과를 졸업한 뒤 출판사에서 수년간 일본도서 기획 및 번역, 편집 업무를 담당하다 보니 어느새 번역의 매력에 푹 빠져버렸다. 현재 엔터스코리아 출판기획 및 일본어 전문 번역가로 활동 중이다. 주요 역서로 《비주얼 씽킹》, 《도쿄대 물리학자가 가르쳐주는 생각하는 법》, 《그림으로 디자인하는 생각정리 업무기술》, 《도해 사고력》, 《SIMPLE 비즈니스 숫자 공부법》 등이 있다.

감수자 박용후

착한 기업의 성장을 도와 그 기업과 함께 성공하는 일을 보람으로 삼는 국내 유일의 관점 디자이너. 피와이에이치 대표. 그는 어느 특정 조직에 속하지 않고 자신의 재능을 분산투자하는 'N분의 1 Job' 트렌드를 대표하는 신인간형으로 소개되기도 했다. 그가 자신의 재능을 나눠 관점 디자인을 컨설팅한 기업은 (주)카카오, (주)네시삼십삼분, (주)선데이토즈, (주)데상트코리아, (주)우아한형제들, (주)열심히커뮤니케이션즈, (주)브레오코리아, LUSH코리아, (주)본아이에프, (주)죠스푸드, (주)삼성전자, (주)여기어때, (주)대명레저산업, (주)앤엔서비스, (주)씨엔티테크, (주)오콘, 법무법인 테크앤로, (주)브라이니클 등이다. 다양한 매체를 통해 글을 발표했고, 한국경제TV 〈앱으로 여는 세상〉의 사회를 맡는 등, 독자, 시청자와의 접촉면을 꾸준히 늘려가고 있다. 기업체에서 가장 초청하고 싶은 강사로 손꼽히는 그는 다양한 청중들과 부지런히 만나며 그들로부터 매일 새로운 관점을 얻는다. 저서로는 《나는 세상으로 출근한다》, 《관점을 디자인하라》 등이 있다.

1등의 생각법

1판 1쇄 인쇄 2016년 9월 26일
1판 1쇄 발행 2016년 10월 4일

지은이 쓰다 히사시 **옮긴이** 정지영 **감수자** 박용후

발행인 양원석 **편집장** 김건희 **책임편집** 강설빔 **디자인** RHK 디자인연구소 남미현, 김미선
해외저작권 황지현 **제작** 문태일
영업마케팅 이영인, 장현기, 박민범, 이주형, 양근모, 이선미, 김수연, 신미진

펴낸 곳 ㈜알에이치코리아
주소 서울시 금천구 가산디지털2로 53, 20층 (가산동, 한라시그마밸리)
편집문의 02-6443-8903 **구입문의** 02-6443-8838 **홈페이지** http://rhk.co.kr
등록 2004년 1월 15일 제2-3726호

ISBN 978-89-255-5997-1 (03320)